本书主要献给两位传奇教育家,他们帮助了数百名家长和孩子,使之成为最好的自己。他们分别是:

布伦达·卡拉斯圭罗

乔安·罗森

高效陪伴养育优秀孩子

晚餐到晚安的亲子相处书

[美] 希瑟·米勒 / 著　王博源 / 译

Prime Time Parenting
The Two-Hour-a-Day Secret to Raising Great Kids

中国纺织出版社有限公司

Prime-Time Parenting: The Two-Hour-a-Day Secret to Raising Great Kids
Copyright © 2018 by Heather Miller
Simplified Chinese edition copyright © 2022 by China Textile & Apparel Press
This edition published by arrangement with Da Capo Press, an imprint of Perseus Books, LLC,
a subsidiary of Hachette Book Group, Inc., New York, New York, USA.
All rights reserved

本书中文简体版经 Da Capo Press 授权，由中国纺织出版社有限公司独家出版发行。

本书内容未经出版者书面许可，不得以任何方式或任何手段复制、转载或刊登。

著作权合同登记号：图字：01-2022-1473

图书在版编目（CIP）数据

高效陪伴养育优秀孩子：晚餐到晚安的亲子相处书 /（美）希瑟·米勒著；王博源译 . -- 北京：中国纺织出版社有限公司，2022.6

书名原文：Prime Time Parenting: The Two-Hour-a-Day Secret to Raising Great Kids

ISBN 978-7-5180-9396-0

Ⅰ.①高… Ⅱ.①希… ②王… Ⅲ.①小学生—家庭教育 Ⅳ.① G782

中国版本图书馆 CIP 数据核字（2022）第 054264 号

责任编辑：张　宏　　责任校对：高　涵　　责任印制：储志伟

中国纺织出版社有限公司出版发行
地址：北京市朝阳区百子湾东里A407号楼　邮政编码：100124
销售电话：010－67004322　传真：010－87155801
http://www.c-textilep.com
中国纺织出版社天猫旗舰店
官方微博 http://weibo.com/2119887771
天津千鹤文化传播有限公司印刷　各地新华书店经销
2022年6月第1版第1次印刷
开本：880×1230　1/32　印张：6.25
字数：104千字　定价：49.80元

凡购本书，如有缺页、倒页、脱页，由本社图书营销中心调换

支持高效陪伴法

这是每位陪伴孩子做作业的家长都想要的实用指南。儿童需要在悉心安排下茁壮成长。米勒创作的这份家庭作业时间安排表非常完美，能让儿童感受到关爱，让家长觉得心心相通，能将任务完美完成。

——凯尔·施瓦茨，《我希望老师知道》的作者，教师

《高效陪伴养育优秀孩子：晚餐到晚安的亲子相处书》是一本实用指南。在这个充满挑战的现代数字社会中，它是当代家长培养孩子的必需品。希瑟·米勒为家长提供了大量具体实用的建议，帮助他们克服电子产品给健康育儿带来的困难。

——大卫·艾尔金德，《慌忙的孩子》和《游戏的力量》的作者

在一个快节奏、信息丰富的世界里，家长们需要比以往任何时候都更加努力地工作，才能提供一种温馨、稳定和乐观向上的家庭生活氛围。希瑟·米勒的《高效陪伴养育优秀孩子：

高效陪伴养育优秀孩子：晚餐到晚安的亲子相处书

晚餐到晚安的亲子相处书》帮助家长为他们成长中的孩子提供最好的科技应用。它是忙碌的当代家长不可或缺的一份指南。
——我喜屋丸子，博士，哈佛 SHINE 咨询委员会成员，
哈佛大学陈曾熙公共卫生学院

对于那些用心良苦的家长来说，他们应该将《高效陪伴养育优秀孩子：晚餐到晚安的亲子相处书》这本书收入囊中，这样就不会因下班后疲惫不堪而搞砸宝贵的与家人相处的时间。希瑟·米勒写了一本非常有意义的实用指南，它不仅让家庭的晚间生活有条理，还能增加家长与孩子相处的时间，因为家长给了孩子很多快乐，让孩子的生活有意义。
——布里吉特·舒尔特，获奖记者，《纽约时报》畅销书
《不知所措：当所有人都在忙时，如何工作、喜欢&玩耍》
的作者，智库新美国基金会——"美好生活"实验室主任

家长们再也不会抱怨没有关于如何育儿的手册啦。在《高效陪伴养育优秀孩子：晚餐到晚安的亲子相处书》中，希瑟·米勒给出了一份详细的实用指南，以帮助家长在家里的关键又有压力的时间段——每周工作日的晚上 6：00 ~ 8：00，有效利用每一分钟。本书囊括了最佳实践方式、安排得当的家庭生活方式和重要的习惯，非常有趣。它为那些致力于打造和谐健康、幸福快乐的家庭的家长指明了方向。
——罗恩·斯拉贝，博士，波士顿儿童医院媒体与儿童
健康中心高级研究员

《高效陪伴养育优秀孩子：晚餐到晚安的亲子相处书》是当今数码时代的"灵丹妙药"。希瑟·米勒为你的孩子描绘了一幅蓝图，非常实际，能让他拥有我们都渴望的童年：一家人坐在餐桌前一起吃饭，听父母讲睡前故事，被哄睡觉。我是三个儿子的家长，同时也是社会和情感学习方面的专家，我认为你会发现这本书可以帮你重新与孩子建立联系，让你享受宝贵的私人时间的同时推动每位家人的健康发展。

——萝拉·帕克·罗尔登，《网的经验教训》的作者，
海洋事务执行董事

序言

数字时代育儿

因为工作原因，我经常去纽约市的各所学校工作。作为阅读、批判性思维和写作教学方面的专家，我在许多学校工作，为的是完善这几个方面的学习成果。我刚好能和 4～18 岁的学生待在一起，有时候同一天能接触不同年龄的学生。

最近我待在六年级的一个班里。这天的上午第二节课，一个男生在他的位子上睡着了。我在他课桌上敲了几下，他醒后，我问他要不要来杯咖啡。他揉了揉眼睛，两眼眨巴眨巴，还在睡和醒之间游离。他说来杯咖啡挺好的。这让其他同学哄堂大笑。我笑着跟他说，你才 11 岁，不能喝咖啡，我买不了，再说早上 10 点，我们还在上课呢。班上其他同学觉得我们的小对话很有趣，对于这个单独事件，我也觉得很有趣。

但其实它并不是一个单独事件。过去几年，我在不同地区的不同学校看到一些学生时常打瞌睡。通过跟他们对话，我了解到他们睡眠不足的原因：

一些学生是熬夜赶作业。

一些学生是没有固定就寝时间，睡觉时间没有达到推荐的 9～11 小时。

一些学生是在家长知情或不知情的情况下熬夜玩游戏。

还有一些学生是家长让睡觉，他们躺床上不睡，反而拿起手机、平板或其他电子设备继续熬夜玩数码游戏或刷社交媒体。

一般情况下，高中生及年轻人出现这些情况较多，但现在越来越多小学和初中的孩子也出现这些情况。数码时代已然改变了家长和孩子的生活方式。成年人有责任将数码科技恰当地融入孩子的生活。例如，安排好每天不接触电子设备的时间，这一重要时间可以拿来参加安静的活动或进行面对面的交流。为孩子建立平衡感可以促进孩子整体的发展。然而，我们无法完全杜绝电子产品。家长需要让孩子形成健康的电子设备使用习惯，让他们更好地享受数字时代的快乐。

大多数成年人对数字世界的运用驾轻就熟。我们发现，社交软件上的朋友和你在大学同寝的朋友并不能相提并论。我们知道，电话会议功能强大，但也不能完全代替人与人面对面的交流方式。并且，我们逐渐意识到，我们对智能手机的依赖已经损害了人与人之间的亲密关系。

美国家长平均每天单独使用电子设备、待在屏幕前的时间超过 7 小时。若加上公用时间，每天超过 9 小时。大多数人都会坦率地承认，过度依赖互动设备会对注意力持续时间、睡眠习惯，以及会话技能产生负面影响。

因此，限制使用电子设备的时间对一个家庭来说是一个挑战，需要一个考虑家庭因素的解决方案。

序言　数字时代育儿

本书为家长列出了一个晚间计划来帮助他们在数字时代下育儿和打理自己。根据儿童发展和认知科学的最新研究，以及那些对孩子最有帮助的古代格言，本书列出了一个两小时的日常计划，其中包括家庭作业、家庭晚餐、阅读、洗澡和睡觉。重要的是，该计划为家长设置了充足的时间放松自己，给自己充电，使自己变得精力充沛。

为什么要写"上学之夜"呢？对于疲惫不堪的家长来说，"上学之夜"充满了挑战，但对学龄儿童的发展至关重要。孩子放学后回到家中和家人交流，消化当天发生的事情，像迎接挑战一样做家庭作业和进行夜间阅读，通过健康的食物、父母的关怀和有趣的谈话让自己成长，然后在一个恰当的时间入睡——所有这些习惯都为他们第二天早上顺利听课奠定了基础。长此以往，孩子知道该如何照顾自己，也知道如何关心他人。

在本书中，我们设置的是晚上6：00～8：00不接触电子设备屏幕。当然，我也是电子设备的狂热爱好者。事实上，在我的职业生涯中，我负责国家尖端教育技术项目，并在麻省理工学院和哈佛大学教育研究生院获得了研究生学位，这两所学校都是新教育工具研究和开发领域的领导者。但是，和数字媒体打交道二十多年后才发现，无论使用哪种技术，最佳用户都是那些知道什么时候使用，什么时候不用的人。

这说起来容易做起来难，尤其对孩子而言。切断孩子与社交软件或游戏的联系，感觉就像要了他们的命。长期待在屏幕前的孩子，有发脾气和变暴躁的迹象。如果你不相信，数据会告诉你这是事实。

2018 年，美国儿童平均每天在电子屏幕前的时间有 6 到 7 小时。花时间在屏幕上会造成的影响可能包括注意力下降、压力增加、难以控制情绪和行为、缺乏眼神交流以及挫折容忍度低。毕竟，如果一个孩子花 6 到 7 小时在屏幕上，那么他就没有时间和朋友玩，没有时间画画、建房子、看书、做东西、玩拼图、和家人说话、参加体育活动、发展课外兴趣爱好、增加自身技能、完成家庭作业、帮忙做家务和睡觉。我们的孩子能否成长为有思想、有创造力、有好奇心的人，取决于他们是否每天花大量时间做有价值的事，而不是沉迷于电子屏幕。当花在屏幕上的时间多了，孩子的社交、情感和智力发展就会受到阻碍，他们就不会有思想、创造力和好奇心。

值得注意的是，那些让我们生活在充满技术的世界里的人，却对他们自己的孩子设置了严格的技术使用限制。比尔·盖茨曾说：一般来说，我会设定一个时间，这个时间点后就不能接触屏幕了，这样可以帮助孩子在规定的时间里睡觉。"当被问及他的孩子们对 iPad 的看法时，乔布斯在 2010 年的回答堪称经典："他们没用过。我们限制孩子们在家使用科技产品。"听到这个回答，我感到震惊。当时我在市中心的公立学校做咨询，这些学校花了大笔资金在 iPad 上，学校认为这样做可以跨越"数字鸿沟"。我记得一位校长曾自豪地告诉我，她学校的每个孩子都会有自己的平板电脑。这意味着对一所学校的投资高达数十万美元。然而，平板电脑的发

序言　数字时代育儿

明者却不允许自己的孩子使用它。显然，教育家和技术领袖就 21 世纪教育的重心存在着分歧。如今，越来越多的硅谷高管将自己的孩子送到华德福学校读书。这所学校禁止使用电子设备，注重动手学习和身体活动。许多华德福学校规定课堂禁止使用电子设备，也不鼓励孩子放学在家使用电子设备。

这种不愿让孩子过多使用各种电子设备的态度，可能是因为他们明白这些玩意儿用多了会上瘾。前微软营销经理同时也是一位家长的皮埃尔·劳伦特解释说："电子产品的设计是为了吸引人的注意力，不是有意伤害孩子，但有意让他们沉迷。"孩子们不想放下他们的电子设备，是因为一些程序和游戏被设计得具有"黏性"，让孩子们移不开眼。

相反，当孩子在读书、写作、画画、建房子或玩耍时，他们在学习自我控制，学习如何集中注意力、如何解决问题以及如何跳出思维定式。我曾在我的孩子身上看到这些。9 岁以前，他都没有接触过电视机。当我带他去上小学时，他的老师对他非比寻常的阅读能力和具有创造性的解决问题的能力进行了评价。真希望这一切都是我的功劳，但事实是，我没做的和我做了的是一样重要的。家里的电视机搬走后，我的孩子贾斯伯不得不另想法儿找乐子，这些乐子都比看电视更好，因为它们需要更多的创造力和注意力。

当我们看到孩子们在使用电子设备时，不能否认他们看起来很专注。然而，我们所观察到的是计算机加持的注意力，这种注意力的质量和一个人在阅读、建造或者写作时产生的注意力质量完全不同。计算机加持的注意力可能会阻碍孩子真正的注意力控制能力的发展。这种控制能力即在学术环境中的读写能力。一位科技业高管指出，推迟让孩子接触科技产品没有害处，毕竟，儿童和青少年极容易掌握技术技能。他们不容易学会的是较强的阅读、写作和数学技能。即使是"有天赋"的孩子也花了大量的时间来培养他们在这些领域的技能，因为学习这些基础的学术技能需要大量的时间，所以大多数孩子需要在上学的时候学习，在做家庭作业的时候也要学习。成为一名受过大学教育的读者和作家需要花费多年的精力，需要日日夜夜的学习。当我们低估了掌握这些技能所要花的时间，我们的孩子就会为之付出代价，他们的前景也会变得一片黯然。

因此，本书的一些成功经验能帮助孩子们延长他们的注意力时间，增强他们的读写和计算能力。同时，本书还对孩子们如何整理家庭作业，整理书包和为明天做准备给出了建议和技巧。这会让他们第二天轻松愉快、整洁有序并充满自信地去上学。

老师的梦想是什么？老师的梦想是学生们能在"上学之夜"作息规律，就如同本书描述的那样。为什么？因为作息规律意味着他们井然有序地完成了家庭作业，回顾并应用了当天所学的知识技能，完成了独立阅读和父母的陪伴阅读，吃了一顿营养丰富的晚餐，和家人聊了天，并睡了一个好觉。这样的话，早晨到校的学生们眼睛炯炯有神，神采奕奕，非常愿意去学习。

教师、家长和学生都是搭档。他们各自的角色不同。如果这三方中的任何一方失职，教育就不会进步。在教育史上，关于家庭作业的用处、考试的公平性、共同核心标准的智慧等问题，有着各种各样的声音。不管你支持辩论的哪方，我都希望你能和你孩子的老师紧密合作，让他们清楚了解他们想从父母那里了解的事情，并在教育使命中履行你的重要角色。如果老师给出建议让你支持孩子的学业发展，或许在今年你需要花更多的精力在孩子的教育上。本书的各个部分内容多样，其中包括了最有激情的老师对小学至初中阶段的学生的期望。

我在许多学校工作过，有的中学希望学生放学花几小时做家庭作业，有的学校虽布置家庭作业，但完成与否他们并不关心，有的学校则没有家庭作业，因为他们觉得学生晚上需要时间休息。我知道有些学校坚持"不做家庭作业"的观念是因为他们相信自主选择的课外活动能够使学生们得到更好的提升。但我完全支持布置家庭作业。家庭作业可以帮助学生形成良好的习惯。学生需要在自律的情况下有计划地独立完成家庭作业，然后有机会用多余时间去完成其他学习。学校老师应该布置有趣、有挑战性并与课程目标相关的家庭作业。如果你孩子所读的学校没有布置家庭作业或者布置的家庭作业没有挑战性，我强烈建议你自己列一个家庭作业计划去补充学校的作业（有关更具体的建议，请参阅参考资料部分）。

你在孩子做家庭作业的时间是否在一旁陪伴，陪伴这个行为对孩子的学习态度尤为重要。你的陪伴给孩子传递了一个清晰的信号，那就是学校作业非常重要，有时又是那么的困难。陪在孩子旁边，确保他们坚持完成作业，鼓励他们遇到难懂的作业要加油，即使你不想或者不知道自己在做什么，长此以往，这会让孩子变得自立。他们不再避而不战，不会因为无聊而选择放弃。

我在书中的做家庭作业部分描述了家长在家庭作业中的角色，同时也传达了家长对教育的期望。毫无意外，父母对孩子的学业成绩抱有很高的期望，并给予热情的支持和坚定的态度，那么孩子会比那些父母随意对待的孩子做得好得多。我们都知道，孩子从父母的行为中学到的比从他们说的话中学到的要多。当父母认真检查家庭作业是否完成，是否整理得当时，孩子就会明白学校作业必须严肃对待。

但还有另一种情况，有的父母认为完成家庭作业然后将其收起来是孩子的责任。他们可能认为这是在鼓励孩子独立。事实上，他们并没有向孩子们明确家庭作业的重要性以及履行责任的重要性。他们认为孩子们不需要做毫无价值的家庭作业，这便让孩子们充满疑惑，也使孩子误解了学校和老师。这导致了孩子将在一个艰难的环境下成长和成功。孩子们需要榜样才会进步，如果他们没有看到父母这样做，他们也不大可能这样做。

今天，任何一种教育水平的课堂明显呈现出一种无法面对挑战和完成不了不熟悉的任务的状态。一些学生根本没有耐心去认真学习，学会自己解决问题。这种面对困难容忍度低的表现表明他们还没有足够的能力去独自解决问题。我在小学生和大学生身上都看到了这种现象。这些学生将来工作了会发生什么呢？在瞬息万变的信息时代，拥有学习、自学和适应的能力是至关重要的。

学生们应该安静地坐下来，独自解决问题。一个孩子如果积极地尝试着做一些他从来没做过的事情，无论是解答代数还是写一篇新论文，他都是在学习。如果他觉得很难，那是件好事！当他克服了困难，他获得的就不仅是目标技能。不久，他将产生自我认识去处理新的问题，去面对更困难的挑战。

我希望这本书能提供一些新的想法和灵感，来帮助晚间照顾孩子的父母，不论我们生活在哪个时代，这都是所有工作中最具挑战性的工作。

希瑟·米勒，纽约

目　录

什么是高效陪伴法 // 001

第一章
下午 6：00 ~ 6：30
开始使用高效陪伴法 / 009

　　分而治之 // 013
　　让孩子完成家庭作业 // 014
　　安静的冲刺 // 017
　　做饭 // 022
　　特殊情况 // 030

第二章
晚上 6：30 ~ 7：00
晚餐半小时的力量 / 035

　　餐前感恩仪式 // 042
　　事务性谈话和"闲谈" // 048
　　眼神交流和积极倾听 // 051
　　结束晚餐 // 053
　　特殊情况 // 055

第三章
晚上7：00 ~ 7：30
忙碌的家庭作业环节 / 059

家长在家庭作业环节扮演什么角色 // 061

每个孩子都应该有的家庭作业工具 // 065

监督、激励、组织和表扬 // 070

关于家庭作业的问题 // 075

防止早晨昏昏沉沉 // 082

特殊情况 // 088

第四章
晚上7：30 ~ 8：00
洗澡，就寝及其他 / 091

制订睡前仪式 // 093

热水澡的催眠效果 // 095

睡前阅读 // 099

声情并茂为孩子阅读 // 102

盖好被子 // 115

特殊情况 // 120

第五章
晚上8：00以后
你的时间 / 123

整理 // 125

为新的一天做准备 // 128

与他人联系 // 133
休息和放松 // 137
睡个好觉 // 140

第六章
计划的悖论 / 147

常规化操作可节省精力 // 151
习惯帮助我们实践自身价值观 // 152
让父母拥有自己的生活 // 154
让孩子拥有童年 // 157
孩子最想从父母那里得到什么 // 159

结论
高效陪伴法的好处 / 163

身体健康 // 169
心理健康 // 171
建立家庭生活习惯 // 175
创造独处时间 // 176

鸣　谢 // 177

什么是高效陪伴法

大多数父母觉得下午6点不是工作的结束,是第二份工作的开始。不管你是在家工作还是在外上班,下午6点,你都会觉得很累,疲惫不堪,想要伸伸脚。然而,就在你精力不足时,一大堆育儿任务正在等着你:

▲准备晚餐。

▲吃晚餐。

▲检查孩子的家庭作业。

▲督促孩子洗澡。

▲和孩子一起阅读。

▲让孩子睡觉。

那么我们要如何完成呢?答案是:在很多时候,我们完不成。

我们在网上订餐或者在回家的路上买晚餐。孩子们坐在餐桌前，眼睛盯着手机或平板电脑，尽管你让他们把手机关了，但你在吃东西的时候偷偷看自己的手机。晚餐谈话？大人不停地唠叨着让小孩子们关设备，小孩子们嗯嗯啊啊地回答，然后场面安静，每个人都在盯着屏幕。

晚饭后，孩子们闷闷不乐地去做家庭作业。至少，你在扔餐盒剩饭的时候，你希望他们是这样做的。接着，就到了唠叨时间。唠叨作业，唠叨睡觉。站在他们椅子背后，看电脑屏幕上显示的是不是他们的学校作业。然后就是放下电子设备，差不多也该睡觉了。他们睡觉的时候，你也该睡了。

没完没了的唠叨和商量让一天中本该最开心的时光变得折磨人。其实并不一定要这样。这就是我所说的高效陪伴：下班后的两小时将会改变你的生活。

想想下午6点到8点这两小时，作为高效陪伴的时间，我们可以把精力集中在重要的育儿任务上，如晚餐、家庭作业、阅读和睡觉时间。然后，我们就可以打卡下班了。我们可以要求我们作为成年人在睡觉前享受两小时的安静和安宁。那么，我们在享受成年人时光的两小时里，孩子们在做什么呢？他们在做晚上8：30后该做的事——睡觉。

睡觉时间规定在晚上8：00还是晚上8：30呢？同样适用于中学生吗？

是的，你没看错。孩子们需要大量的睡眠。在过去几十年里，我们基本上忘记了这一事实。根据美国睡眠医学学会的研究，6~12岁的孩子每晚需要9~12小时的睡眠。有了充足的睡眠，孩子们才能更好地集中注意力、增强记忆力、改善情绪并保证身心健康。

我的孩子不一样，他不需要那么多睡眠！

许多家长会这样想，是因为他们认为孩子在晚上8：00并没有显困，所以让他们晚睡一会儿也是可以的。一些家长，甚至一些育儿专家声称，"睡眠焦虑"是因为执意让一个毫无睡意的孩子上床睡觉引起的。

其实，一个在晚上8：30还处于兴奋状态的孩子跟一个因疲惫显得暴躁的孩子一样需要睡眠。而且，如果你们家那位可爱的小夜猫子今晚睡觉不足，那么他可能会在明早的数学课上给补回来。所有的孩子都需要充足的睡眠。如果按照洗热水澡、和父母温馨交流、一起阅读、盖好被子……这样的睡觉时间表执行，即使是最闹腾的孩子或精力充沛的少年也会开始哈欠连天。

总之，尽管一个人需要多少睡眠因人而异，但所有孩子都需要充足的睡眠。不要因为你家孩子的魅力或者活力，甚至因为你想和他们有更多面对面的相处时间而说服自己他们并不需要那么多睡眠。

电子设备对睡眠的影响

为什么我们的孩子在睡觉时间却毫无睡意？在我们的眼皮子底下醒着，或者，更确切地说，背着我们醒着。这里有一个很好的解释。

随着孩子们花在屏幕前的时间越来越多，越来越多的孩子入睡困难。成年人也是如此，这是生物化学导致的难以入睡。当孩子们在和屏幕接触时，他们会看到屏幕发出的蓝光。蓝光会让我们的身体误以为现在还是白天。然后，我们的身体就不释放荷尔蒙褪黑激素，而这种激素会让我们的身体进入睡眠状态。这就是为什么你家 9 岁的娃在晚上 10 点还超级亢奋的原因。如果他一直玩游戏或者玩电脑，甚至在平板电脑上看书，那么屏幕发出的蓝光会让他的大脑和身体相信，现在是中午，而不是深夜。

如果我们看了几小时屏幕后想要立马睡觉，那可能有些困难。蓝光已经打乱了我们的生物钟，让其与大自然脱节。解决办法就是睡前两小时关掉电子设备。

睡眠不足影响学校的表现

我写本书的原因之一是因为我能在学校看到睡眠不足造成的影响。作为一名专注改善学习成果的学校顾问，我走访了各种学校，并在课堂教学过程中观察了孩子们。近年来，我注意到越来越多的孩子不止在午饭后或下午时间睡意绵绵，在上午的时候竟然也会昏昏欲睡。我记得几年前同龄的学生完全不会有同样的疲劳感。

"你才 10 岁！"我有时会批评他们，"上午 10 点，你应该精力充沛才对，你应该求知若渴！"最近有一次，一个小女孩儿回应我说："可老师，累了不是很正常吗？就因为我们是孩子，所以我们就永远不会累吗？"

我看了小女孩儿一下，想了想她想表达的意思。她的经历让她觉得，作为一个 10 岁的孩子，上午 10 点犯困是完全正常的。我告诉她说："有时候你是会觉得累，但不在上午 10 点。你又不是从凌晨 5 点就开始在地里干活儿到现在。到目前为止，你才起床几小时呢。你应该炯炯有神，精力十足才是。"

昏昏欲睡的学生在课堂上越来越多，有些学生更是完全睡着。我说的不是半睡半醒，而是深度睡眠。当某些学生处于完全无意识状态时，他们是分不清老师是在讲分数还是在讲法国大革命。为什么？因为他们的身体正拼命地补昨晚的觉。老师们一次又一次地陷入苦恼，他们不得不去叫醒熟睡的学生。在我看来，这对学生来说是一种折磨，对老师来讲，也极不公平。

幸运的是，办法总是有的。高效陪伴法可以确保你的孩子拥有充足的睡眠时间，而且能让他们在睡前两小时不碰屏幕。同时，他们会觉得他们真的需要休息。

高效陪伴法能让孩子们（和父母们）在睡前两小时很忙并远离电子屏幕，这确保孩子能够自然入眠，不受蓝光干扰，打乱生物钟。此外，孩子的心态会变得更加平和，知道家庭作业已完成，书包已收好，为明天早上做好了准备，并且他们也和他们最喜欢的人——你一起度过了美好的时间。

如果你下午 6 点以后才回家的话，你仍然可以使用高效陪伴法。你可以延时半小时到 6 点半，或者让家里人根据高效陪伴法先帮忙执行，直到你回家。

古老的育儿经

过去的几十年里,父母还不具备养育子女的基本科学知识,如孩子们需要有效的玩耍时间、关心爱护、体育活动、充足的营养、朋友伙伴、不变的生活方式和适当的挑战。

其实,一般来说,大多数父母都知道他们的孩子的需要。但如今这个社会涌现出各种技术,它们快速地改变着我们交流、玩耍、工作、互动和记录生活的方式,以至于我们暂时忘记了传统的最佳育儿法。我们很难意识到长时间看屏幕可能对孩子的行为产生生化变化。我们可以且必须后退一步,反思一下电子屏幕在家庭生活中的作用,形成一些能反映父母对孩子的殷切希望的习惯,同时不忘我们作为成年人应该有的权力。本书能帮助父母们做好育儿工作,这一方法结合了儿童发展的最新优秀见解和古老的育儿经。

每天晚上花两小时专注育儿,父母能够:

▲关注自己的每个孩子。

▲确保孩子完成家庭作业。

▲潜移默化地提高孩子的组织能力。

▲提供营养食物。

▲和孩子用心交流。

▲培养孩子良好的社交能力和行为举止。

▲和孩子一同玩耍。

▲和孩子一起阅读。

▲与学校交流。

什么是高效陪伴法

▲培养孩子健康的睡眠习惯。

▲让孩子形成良好的睡前习惯,洗澡、谈话和阅读以及……

▲确保自己得到应有的休息和放松。

对于仅两小时的投入来说,需要完成的任务有些多。但这为父母们提供了时间去培养自己和孩子。

我希望高效陪伴法能让苦不堪言的"上学之夜"变成你一天当中最开心的时候。

那么孩子们在大人享受自己的时间的时候做什么呢?他们在做他们应该做的事。晚上8点半以后,他们在睡觉。

你要做的事:

√ 了解孩子的一天。

√ 让孩子做家庭作业。

√ 准备晚餐。

第一章

下午6：00 ~ 6：30
开始使用高效陪伴法

不管你已经在家和孩子待了几个小时或刚进家门，你都可以用我说的"亲近"去问候你的孩子，以此开始实施高效陪伴法。毕竟，这是你们一起度过夜晚时光的开始。所以，给他们每个人一个适当的问候，并要求他们回问。虽然这听起来很奇怪，但总的来说，问候，如孩子和父母间的问候，正在消失。把问候孩子作为一种习惯去执行是每个夜晚开始的最好方式。相互问候这个行为同样也是孩子社交教育的重要组成部分。如果你问候你的孩子，并坚持他们也问候你，这样你的孩子会更有可能向其他人表现出这种礼貌。当你在问候孩子们时，可以给他们一个拥抱，拥抱除了能明显地表现爱意外，它还以各种重要且不同寻常的方式让父母和孩子受益。

父母的温暖对孩子的社交和情感发展有着非常积极的影响。父母越温暖、越深情，孩子就越有可能拥有积极的社交技能。甚至，父母的温暖能促进孩子解决问题的能力的提高。我们每个人性格各异，虽然其中一些人天生要比其他人温暖，但是我们每个人都能拥抱孩子。所以，在夜晚开始之时去拥抱孩子吧。孩子们很需要拥抱——你同样也需要拥抱。

第一章　下午 6：00 ～ 6：30　开始使用高效陪伴法

你拥抱孩子的次数可能比你意识到的要少。当孩子上小学了，我们一般不会像他们读幼儿园时那么经常拥抱他们。超过 90% 的父母每天都会拥抱他们 3 岁的孩子，但只有 50% 的父亲会每天拥抱他们 10 到 12 岁的孩子，而有 26% 的母亲不会每天拥抱她们 10 到 12 岁的孩子。所有的儿童和成人都会因每天的拥抱受益匪浅。

拥抱的好处

第一，拥抱可以减轻压力，增强我们的免疫系统。这是因为拥抱可以抑制压力荷尔蒙皮质醇的过度分泌。因此，我们避免了皮质醇过多的负面影响——虚弱的免疫系统和炎症。

第二，拥抱促进催产素的释放。催产素是一种促进人际关系中依恋的激素，可以帮助我们与他人建立联系；它还能改善情绪、稳定行为、放松神经系统。

第三，什么是拥抱：我们用一种充满爱意的、保护性的方式将我们的孩子圈在怀里，用身体表现父母之爱——温暖、哺育、安全和安稳。语言固然重要，行动更能表达情感。拥抱是对接受和爱的明确表达。难怪拥抱对人类有这么多积极的影响。

5 分钟了解孩子的一天

在问候和拥抱了孩子过后，你要花 5 分钟的时间了解他们的情况。坐下来，让他们告诉你他们的这一天。

一些孩子会马上告诉你今天所发生的一切；一些孩子则

会跟你蹦关键词。为了帮助那些沉默寡言的孩子，你可以问一些具体的问题，例如：

▲你一天中最棒的时刻是什么时候？

▲你一天中最糟糕的时刻是什么时候？

▲数学考试考得怎么样？

▲课间的时候，你和彼得一起玩了吗？

这样做的目的是让你的孩子有机会告诉你他这一天过得如何，并与你交流他想要分享的任何事情。这能让你对他的情绪给予反馈，并给予他们所需的关注。同时，这只是一个5分钟的了解。如果孩子想跟你讲一段很长的故事，你可以说："我迫不及待地想听整个故事，但我们把它留到晚饭时间吧。这听起来像一个晚餐故事。"

分而治之

既然你已经了解了孩子的一天,现在是时候继续晚餐前的计划了。首先,公布要做什么样的晚餐。这会让他们有一些期待感,因为他们接下来要花半小时以上的时间去完成家庭作业。然后,看着你的手表说:"嗯,距离晚餐还有三十多分钟。我们来看看你的作业本,开始做家庭作业吧,做完就能吃上丰盛可口的晚餐了。"

让孩子完成家庭作业

经过简短有意义的了解后,是时候面对一个巨大的挑战了——完成晚上的家庭作业。你可以把这部分安排成董事会那样,让孩子,或者孩子们围坐在餐桌旁,你甚至可以摇铃让这场"会议"开始。大多数孩子喜欢这种戏剧性的形式。

让孩子拿出需要完成家庭作业的资料,将它们放在面前的桌上,并且拿出家庭作业本,告诉你他需要完成哪些作业。这不仅能帮助他发展组织能力,还能让他在面对学校布置的可怕作业时充满动力。当孩子坐在你旁边,面前放着作业和其他资料时,可以问他:"今晚要做些什么?"

让孩子读出他的作业,并将相关的课本和作业纸拿给你看,讨论需要做的作业。这样做的目的是了解孩子是否具备完成家庭作业所需要的一切,并明白他需要做什么作业。

孩子会有一种"长大"的感觉,因为你认真对待他的作业,没有低估完成所有作业所需的毅力和能力。这也帮助孩子在心里预演他将做的作业,并使得他们更容易地完成作业,让他在开始的时候不至于瑟瑟发抖。

作为父母,我们不能为孩子做家庭作业,但我们可以且应该让他们完满完成家庭作业。这就是为什么说在孩子开始做作业前,和他一起回顾作业并帮助他组织这一"工作"非常重要。

第一章　下午6：00~6：30　开始使用高效陪伴法

作业计划

一旦孩子大声宣读完所有的作业，让他按照他认为应该做的顺序把作业排好，然后问他选择先做哪一项，并讲出原因。

第一项家庭作业的选择原因可能包括：

▲作业简单，我可以很快完成。

▲这是我喜欢的作业。

▲明天就要交了。

▲作业很难，我想先把它做完。

这里并没有最佳答案。可以问这样一个问题："你为什么要先做这项？"让孩子建立关于作业偏好和策略的元认知意识。孩子对如何组织他们的作业越有意识，他们就越能集中精力。

当孩子制订了自己的"家庭作业计划"，就该检查他的资料了。

你需要问孩子以下问题。问完每个问题之后，在他整理他需要的资料时，停一下。

▲所有的家庭作业资料——课本、记录纸和作业纸都在桌上吗？

▲铅笔够吗，削了吗？

▲桌上还有其他东西吗？如马克笔、荧光笔和橡皮擦。

资料齐了，家庭作业也排好了，完成计划也设置好了，孩子正处于完成作业的理想的状态。

计时器的使用

　　计时器是培养专注力的绝佳工具。大多数人在任务的最初阶段很难集中注意力，孩子也不例外。将计时器设置1～2分钟，让孩子一直做作业，直到计时器响起，这样可以给原本枯燥乏味的作业增加一点动力和戏剧效果。

　　一旦孩子习惯使用计时器，就可以把它列入你的晚间计划中，每隔5分钟设置一个计时器。他们的作业吗？看看他们在保证质量的情况下能在5分钟完成多少作业。孩子可能一开始会有些手忙脚乱，但很快就会开始集中精力。他会明确自己能在一定时间内完成多少作业，同时当他完全集中注意力时，他也会发现：全身心投入一项任务中是一种非常愉快的体验。一旦孩子尝到"锁定"一项任务的乐趣，他就会开始期待安静地完成家庭作业。

　　随着孩子的成长和家庭作业的增多，使用计时器来提高注意力和效率将对处理繁重的工作大有好处。孩子集中注意力的时间随着年龄的增长而自然延长。作为父母，你也可以试着在工作时使用计时器让你的时间得到充分利用。

第一章　下午6：00～6：30　开始使用高效陪伴法

安静的冲刺

将标准化考试安排在安静的环境中进行并非偶然。安静地工作是注意力深度集中的最佳方式。不要相信那些告诉你背景音乐在某种程度上促进工作的人——事实并非如此。我们只有这么多注意力。我们边听音乐边工作或边说话边工作会造成部分注意力转移，留给手上的工作的注意力会变少。因此，我们的工作就会做不好，时间也花得久。

大多数孩子生活在嘈杂的环境中，无论是在上学中、放学后还是在家里。为他们提供一些宝贵的安静时间可以帮助他们在没有环境刺激的情况下学习并培养一种忍耐力。这种忍耐力可以帮助他们达到原本无法达到的专注水平。当然，没有人建议你数小时保持环境安静。小孩儿在安静中学习只需很短时间就能达到最佳效果。我将之称为"安静的冲刺"。根据孩子的注意力广度和独立学习的忍耐度的不同，"安静的冲刺"可以持续60秒到15分钟不等。

每隔几分钟，安静的冲刺就会产生，它应该能创造一个理想的环境保证孩子集中精力完成家庭作业。当孩子在做作业时，你就该去厨房了。

看与被看

你将计时器设置为 5 分钟，如果孩子能坚持住，可设置更长时间。然后，你可以去厨房做晚饭了。

计时器响后，暂停计时，检查孩子的作业进展。夸一夸他很努力。然后问他想把计时器设为多长：他能把时间延长到 6 分钟甚至是 7 分钟吗？通过询问孩子认为从现在到计时器再响的这段时间里他能做些什么来集中注意力。

大多数孩子和大多数成年人一样，不可能永远保持注意力集中。事实上，我们很多人根本无法集中注意力。孩子们应该感到骄傲，他们集中注意力的能力会增强。他们应该开始注意一些能够激励他们的事情：既然他们能在时间紧迫的情况下安静地学习，那么他们大概会更快地完成家庭作业。

看着孩子干劲十足，注意力集中，你可以回厨房一直待到计时器再响。重复这个过程，直到晚餐做好。

"没有借口"的方法

你已经进行了谈话了解，知道孩子清楚他的作业，且所有资料都准备齐了，你认为他可以开始做家庭作业了。但他可能不愿意做。孩子们和大人一样，在逃避作业时有着各种非凡的创造力。你的工作是坚持让他们认真对待这件事。所以，除非孩子的身体状况不佳，需要经常吃零食、喝水和上厕所，否则你至少要清楚和严防以下拖延战术。他们已经骗过了很多没有经验的父母。

第一章　下午6：00～6：30　开始使用高效陪伴法

回避型学生常见的拖延战术

拖延战术	高效陪伴法
突然吃零食	晚饭快好了。想想多美味，多有胃口啊！
要想续命，就必须马上解渴	除非孩子口干舌燥，否则没必要在做家庭作业的时候喝饮料（包括水）。孩子们学习的时间很短，喝饮料则不可避免地出现两种招数，倒饮料和上厕所。
洒出来的东西	作业桌上不应该放有会洒出来的东西。但如果有，那就约定，一旦东西洒了就立马叫你，这样你可以迅速清理。
上厕所	没人会说你应该冒险，但是上厕所应该在你实行高效陪伴法之前去做。如果总是用这个方法，那就在你实行高效陪伴法的时候强调上厕所这件事。
忘记有家庭作业或不知道怎么做家庭作业	在进行"分而治之"时，孩子们会回忆他们有哪些家庭作业，这样他们就知道作业有哪些。如果实在不清楚，他们可以在晚饭后打电话给朋友，在那之前先做点其他事情。
削不完的铅笔	材料检查时应该把这个考虑进去。孩子们需要几支削尖的铅笔，准备好才能避过这种屡试不爽的把式。

同时，也要注意那些在家庭作业时间出现在你家的常见物品和状况：

橡皮毕加索。这个小朋友觉得擦除是在做作业。所以他一直擦，不停地擦。5 分钟后，他还在擦那个他 10 分钟前写的字母。打着完美主义的幌子——"我想要擦得更干净"，只要能逃过去，他就不用做作业。

讲故事。小可爱知道精彩的故事有多重要，他可以用它来逃避家庭作业。当你的心肝宝贝在向你讲他在学校发生的事情时，你怎么好意思打断他呢？不过，你可以也必须，至少告诉他把故事留到晚饭时，一家人都可以听。

冲突制造。这个有兄弟姐妹的小孩儿知道如何利用冲突来转移自己和其他人的注意力，让他们不去注意自己没有完成作业的事实。首先，他制造了这场冲突。然后，他将冲突升级。你介入并解决了冲突，他那需要时间来消化的情感余波却还在。所有这一切都占用了做家庭作业的时间。所以，你要揭穿他的骗人伎俩，绝不手下留情。

表达爱意。谁能拒绝自己的心肝宝贝的拥抱呢？事实上，当他在做家庭作业的时候，你必须拒绝。这个小淘气知道他跑进厨房向你索要抱抱肯定会让当父母的你心花怒放。但这样就会占用掉 3 分钟的作业时间。别上当。跟他说对你表达爱意的最好方式就是去做家庭作业。

家庭结构有助大脑发育

对孩子正在发育的大脑来说，一个稳固、可预见的家庭结构就像复合维生素，它能帮助大脑积极发育。

通过具有结构性和严格的方法来完成任务对孩子的执行

能力特别有益。执行能力是指大脑计划、专注和执行指令的过程。没有执行能力，孩子很难过滤让人分心的事情，分不清轻重缓急，难以设定和完成目标以及控制冲动。也就是说，没有执行能力，学习难以进行。

关于执行能力，所有父母都应知道：它是一种潜在能力，并不是与生俱来的。执行能力不能自行发展。相反，它是在养娃育儿的实践中发展起来的。在结构合理的家庭里，孩子们似乎能很自然地开发出计划执行复杂任务的能力。事实上，他们就是从家庭结构中学到这些技能的。而在没有什么结构和高压力的家庭中，许多孩子没有发展控制冲动以及集中注意力的能力，也没有规划和执行任务的能力，这会对他们的社交和学习造成严重后果。

当你设定一种类似高效陪伴法的结构，这将对孩子的大脑结构发展起着重大作用。渐渐地，孩子能够着手执行越来越难的任务，通过自我认知集中精力将这些任务有序完成。这种了不起的能力是一点一滴、日积月累建立起来的。这就是为什么亲子关系和谐如此重要。

做饭

你可能会问你自己：我能在 20 分钟到 25 分钟内做一份健康美味的晚餐吗？同时也可以是一位细心的家长吗？两个问题的答案都是肯定的。本章将告诉你在准备食物时如何做到快速、简单和营养。你可以在做饭时，每隔几分钟去看看孩子们。孩子们有一种内在动力让你去做，因为他们还饿着肚子，想吃晚饭也想有个作业休息时间。

人们对做饭各有看法。有的人喜欢做饭，有的人却害怕做饭。如果你经常在家做饭，那么你肯定不会吃快餐。你知道用新鲜的食材做饭是一天结束时最好的放松方式。如果你做饭生疏或者不愿做饭，你可能需要以下合理的建议。

列菜单。列一份清单，上面有五种营养丰富、容易准备并且家人喜欢的菜。没人要求你在家做饭一定要做成茱莉亚·查尔德❶那样。从学会做五道简单又营养丰富的菜开始，以富含蛋白质的食物为基础。如果你不知道晚餐做什么，鱼、鸡、肉、豆子、意大利面和沙拉都可以选择。素食者会考虑为成长中的孩子提供富含蛋白质的食物，如扁豆、鹰嘴豆、豆腐及黑豆。如果你喜欢的话，还有鸡蛋。当然，你可以让

---

❶ 茱莉亚·查尔德：美国著名美食家。

孩子们和你一起来列五道菜。

每餐都要吃蔬菜。确保你的五道菜清单中有至少两种蔬菜。蔬菜是健康饮食的主要食物。所以,如果五道菜中有通心粉和奶酪、一定要在里面加沙拉或西兰花,或者撒上豌豆或其他切段蔬菜。让孩子们一起头脑风暴,想想如何把蔬菜添加到需要它们的食物中。鼓励孩子们研究每种蔬菜所提供的维生素。

列一个购物清单。列出了五道菜后,你就要为其列一个主要的食材清单。把这张清单放在你的钱包里或者输入食品购买App上,并拍照或截图,这样你可以随看随取。

一周购物。一周去一次超市购买你需要的食材。健康食品是用它们近乎自然的成分做成的。我们选择的加工食品越少,我们买的有机食物就越多,我们吃的食物就越健康。

厨师的好坏取决于他所选的材料,所以请选择你能买得起的最新鲜、质量最高的农产品。

看你心情做饭。既然你已经准备好了一周要用的食材,你可以按照你喜欢的顺序做饭。这是做饭的最大乐趣之一。你会发现,你在回家的路上正在考虑做什么菜,是用柠檬、西兰花和糙米做鸡肉,还是用红辣椒和扁豆炒豆腐呢?厨师的特权是准备最适合孩子心情和精力的饭菜。

开心尝试新事物。渐渐地,你的想法更多,菜式也在增加,通过尝试新事物,应季调整菜单,然后重新列出你的五道菜。你会发现做饭成为你生活的一部分,而不仅是一件可怕的苦差事。你可能也和大多数厨师一样发现,做饭让我们更真实、更放松和更快乐。

独自做饭

如果你是单亲家庭，或者你的配偶或伴侣不能按时下班和你一起做饭，那么做饭就是一个人的活动。换上舒适的衣服，播放一些轻音乐，注意音量不要太大，以免分散孩子们的注意力。如果你喜欢在晚餐时喝一杯葡萄酒，你可以边喝边煮饭。当你做饭的时候，你可能很想打电话，但要克制这种冲动。因为，你要每隔几分钟去检查一下孩子们的作业情况，并且此时是家庭时间，高效陪伴法要求：禁止电子设备。

一起做饭

如果你和你的伴侣刚好准时回家一起做饭，那你们做饭时，还可以聊聊一天发生的不需要孩子听到的事情。

当孩子们在做作业或其他事情时，一位家长坐在他们身边，而另一位家长则在做饭，这便错失家务分配得当的机会。大多数婚姻中的一个关键矛盾就是家务分配不均。

当一对夫妇一起做饭时，他们是在分享婚姻和家庭的工作。同时也是享受聊天、大笑和夫妻情趣的机会。同时这也是一个让孩子们看见你们夫妻和谐幸福的场景。

让做饭更简单、更健康

使用电饭煲。电饭煲价格便宜，物有所值。大多数都配有蒸盘，可以蒸蔬菜、鱼、鸡或豆腐。你甚至可以在蒸盘上放一片柠檬或者其他水果,为米饭和蒸菜增添风味。往电饭煲里装满水和糙米、印度香米或泰国香米,然后把蔬菜和其他材料放在蒸盘上,所花时间不超过90秒。然后,打开开关后,你可以走开,剩下的事情就交给电饭煲。几分钟后,厨房内会飘起米饭和蒸菜的香味。大约20分钟后,你就会吃到一顿美味又健康的饭。为了增味,你可以在炒菜锅里煎鸡肉或豆腐一两分钟,再加上你喜欢的酱汁。没有比这更容易、更便宜和更健康的了。

购买农场产品。你向农场支付固定的费用,每周便会收到一盒新鲜的蔬菜、水果甚至奶制品。通常情况下,你不能选择农产品,因为你收到的农产品都是应季产品。让孩子们和你一起去拿每周的农场产品,一起检查盒子里的东西,让孩子知道:

▲新鲜的农产品来自哪里。

▲季节性水果和蔬菜。

▲农民伯伯的重要作用。

▲水果和蔬菜的不同种类和好处。

你们可以一起讨论如何在下周的菜单里使用这周的材料。这是鼓励挑食的人尝试不熟悉食物的好方法,同时也能支持当地农民。

储备冷藏蔬菜。总有那么一天,你会吃完农场送来的新鲜蔬菜或发现蔬菜烂了必须扔掉,要预备好充足的冷藏蔬菜,确保你的晚餐有蔬菜吃。虽然许多人对冷藏蔬菜有偏见,但它们的确是不错的新鲜蔬菜替代品。

提前准备第二天的午餐。如果有需要，晚餐多做一点，分出来一些作为第二天的午餐。当你做好晚餐，你可以打包一份作为第二天的午餐放在冰箱里。这样你可以省下第二天的午餐钱，并且少了一件要考虑的事情。打包好午餐，剩下的就可以端到餐桌上了。

在家做饭：对营养的投资

在家里使用新鲜的蔬菜做饭有很多好处。就拿我们为家人挑选的食物的品质来讲，我们在家做饭，会控制食材的新鲜度和整体品质，会将食材准备周全，清洗干净。这比出去吃饭或点外卖好很多。

做饭使我们更有存在感，减少压力

在家做饭不仅对我们的健康有好处，而且有助于我们的心理健康。为什么会这样呢？

做饭的时候会使用到所有感官——视觉、听觉、触觉、嗅觉和味觉。因此，做饭让我们活在当下。经过一天的工作或照顾孩子后，很容易陷入对白天发生的事情的思考，做饭帮助我们将这些烦忧放在一边，专注于此时此刻。

使用新鲜的食材做饭可以让我们慢下来。食材的计量、清洗、切碎、搅拌和煎熟都需要很长一段时间。我们只能慢慢来，这让我们的心情不那么焦燥，变得沉着冷静。

做饭始于原始社会。早在190万年前，人类已经在用火做饭了。所以做饭是人类最古老的习惯之一，我们现在仍在

第一章　下午 6：00 ~ 6：30　开始使用高效陪伴法

继续这种习惯。毫无疑问，和他人一起共享美食与和人愉快交谈产生的乐趣、友谊、温暖和安全感息息相关。

做饭给人一种家的感觉。当晚餐的香味从厨房飘到其他房间时，孩子闻到后便知道晚餐时间就要到了。这种与家庭日常生活节奏相协调的非语言行为对孩子来说是一种极大的安慰。做饭这件事表明你在积极照顾自己的家庭。

在家做饭与出去吃或订外卖的比较

在家使用有机食材做饭	出去吃或订外卖
你可以确保原材料营养丰富且新鲜。	主要食材可能新鲜且营养丰富，但你不知道还加了哪些其他食材，不知道他们是否健康和有多少热量。
你可以选择不含激素和抗生素的优质肉。	即使很好的餐厅，经营的底线也是赚钱。你在家为家人做的肉可能要比大多数餐馆里的肉更优质。
你可以控制分量。	食物的分量往往比健康的分量大。
你可以确保做饭环境干净。	当你出去吃饭或订外卖时，你不会知道准备饭菜的地方有多卫生。纽约最近的一项研究表明，22%的餐馆有老鼠出现。过去一年里，纽约有32%的餐馆有老鼠出现，27%的餐馆并未将易腐易烂的食物低温放置。可是与去年相比，依然进步巨大。

做饭让我们获得延迟满足。现代文化是以即时满足的价值为基础的。这很讽刺，因为大多数值得拥有的东西都需要时间和精力。做饭是一种延迟满足的日常实践，可以让我们获得期待的价值观，而不是坚持东西立即得到。

三道菜晚餐的精华

我们可以在工作日晚上准备三道菜的晚餐。当然不会建议你像在《唐顿庄园》那样生活，但传统的三道菜有很多值得推荐的地方。从本质上来说，这三道菜的分量和成本应该控制得当，而这正是许多人难以做到的。

三道菜里面的前菜可以选择汤或沙拉。前菜可以让你在吃做法复杂和更贵的主菜前，先吃一些营养丰富、成本低且热量低的以蔬菜为主的食物。第二道菜是以蛋白质为主的主菜。因为你已经吃了沙拉或喝了汤，所以主菜的分量可以比其他食物少。最后，第三道菜是附菜。可以是健康的水果或酸奶，也可以是小分量的"垃圾"食品。下面的表格将会详细说明这三道菜是如何保证营养均衡并将热量和成本控制得当的。

总之，三道菜的方法能有效地控制热量和成本。由于三道菜分别为前菜、主菜和附菜，它比一道菜的晚餐更能增加仪式感。

第一章 下午6：00～6：30 开始使用高效陪伴法

经典的三道菜晚餐

菜	食物	益处
前菜	汤或沙拉	晚餐开始，喝一碗营养丰富的汤或吃一碗蔬菜沙拉能稍微填一下肚子，这样一来我们会少吃一点热量高的主菜。
主菜	蛋白质食物	主菜的重点是吃一些能让我们身体成长或修复的蛋白质食物。肉、鱼和豆腐富含蛋白质，但也比较贵。如果我们只摄入一小部分这类食物的话，成本和热量都能得到控制，一举两得。前菜挡了一些饿，主菜自然吃得会少一点。
附菜	点心或奶酪	一场满意的晚餐以一小碟点心、奶酪或饼干收尾。水果或水果沙拉也是个不错的选择。如果有其他选择也是可以的，条件是少量。

特殊情况

▲我的工作需要我随时接听电话或发信息，即使我已经下班。晚餐时可以接听电话或发信息吗？

如果因为工作需要无法避免这种情况，那我们也没辙。但请记住：晚餐时间只能持续30分钟。高效陪伴法的一个好处就是每天的晚餐时间都在同一个时间点。所以请告诉你的同事们在晚上6:30～7:00这个时间段请勿打扰。你有必要和同事们讲一下。同时你也有必要了解哪种职业文化让你不能这样讲。

▲我的孩子患有阿斯伯格综合征❶，很难进行眼神交流和拥抱。我应该如何使用高效陪伴法教孩子日常问候。

因为高效陪伴法非常具有结构性和可预见性，所以它适

---

❶ 阿斯伯格综合征：属于孤独症谱系障碍式广泛性发育障碍，具有与孤独症同样的社会交往障碍，局限于兴趣和重复刻板的活动方式。常见症状为：人际交往困难，语言交流困难，行为模式刻板等。

第一章　下午 6：00 ~ 6：30　开始使用高效陪伴法

用于大多数患有自闭症的儿童。请向孩子解释进行晚间问候的原因。在拥抱孩子前，可以问问孩子是否可以这样做。对于许多患有阿斯伯格综合征的孩子来说，拥抱可能是件麻烦事。但将拥抱结构化，把它当作一件长期要做的事情，每晚必做的事情，孩子会习惯这个行为，也会舒服很多。

▲我喜欢在下班后花点时间在自己身上，如洗个澡或换下衣服，然后再去跟孩子们打招呼。这样会有问题吗？

下班回家后花点时间在自己身上完全没问题，但是我会先去跟孩子们打招呼，告诉他们我会尽快收拾完自己。如果孩子听见父母回家了，但没有立马和他们打招呼，这样会传递一个信息，那就是父母没有像孩子想见到父母那样想见到他们的心情。一句"我回来了"和一个拥抱就好。

▲孩子十分挑食，只吃一点。

晚餐不应该给孩子施压，告诉他什么该吃什么不该吃。众所周知，孩子的味觉有限，因此在合理的范围内迁就他们是可以的。

当你在列五道菜菜谱时，你可以问问你家挑食的小家伙的意见，然后一起做调整，以确保每顿饭的口味都适合他。并跟他解释他需要摄入的营养物质美味健康，可以帮助他成长。但即使这样的迁就也取悦不了一些挑食的小家伙。

在一些异常情况下，他们挑食可能是因为某种潜在的问题。孩子们在吃某种食物时可能会产生焦虑，或者他们可能经历了焦虑，然后用食物来表达这种焦虑。如果焦虑只是问题的一部分，那高效陪伴法的可预见性有助于缓解焦虑。然而，当孩子变得极其挑食，每顿饭都要想尽办法让他吃饭，那就该去咨询儿科医生。这不是普通的挑食，应该更仔细地去找问题的潜在原因。

第一章 下午6:00～6:30 开始使用高效陪伴法

做饭是人类最古老的习惯之一，我们现在仍在继续这种习惯。毫无疑问，与他人一起共享一餐和与人愉快交谈产生的乐趣、友谊、温暖和安全感息息相关。

你将：

√ 享受一顿轻松又营养丰富的家庭晚餐。

√ 和孩子们一起尽情交谈。

√ 养成好的餐桌礼仪。

√ 感谢生活中的好运。

第二章
晚上6:30~7:00
晚餐半小时的力量

孩子们做了20分钟家庭作业后会很饿，他们开始准备休息。如果他们就在餐桌上做作业，那就告诉他们整理好家庭作业的东西，该吃晚饭了。

家庭晚餐是家庭生活的核心。生活在长期有共进晚餐习惯家庭的小孩儿在学校表现得更好，更有可能保持一个健康的体重，比其他人有更高的自尊心。这些积极的结果将跨过儿童期，影响深远。

是什么让家庭晚餐产生如此积极的影响？就是交流。虽然食物是晚餐的重要组成部分，但交流的质量决定了整个晚餐过程的质量。

最棒的家庭晚餐应该是这样一种情形，大家在一起讲故事，开怀大笑，讨论时事，互相辩论并享受彼此陪伴的时光。所有家庭成员都参与其中，互相交流。

晚餐是个能让家人互相交流、增进感情的好机会。我们可以在桌上将这不容易的一天讲出来，其他人可以安慰和鼓励。也可以在桌上将自己获得成功的喜悦分享给他最爱的家人们。因此，随着一天的结束，家庭晚餐便成为一种在温暖、乐观和和谐氛围中分享生活不易的理想途径。

第二章　晚上 6：30～7：00　晚餐半小时的力量

餐前洗手

晚餐前 5 分钟，孩子们需清理好桌上的作业并洗手。

餐前洗手被写入最古老的宗教仪式中，这并非偶然。洗手不仅能让我们远离细菌，还能重新唤醒我们的感官，是用餐仪式的序曲。

令人难以置信的是，只有 11% 的美国人餐前洗手。为了鼓励你和孩子们餐前洗手，可使用具有芳香的三层研磨肥皂，让双手充满泡沫，心情也跟着愉悦。花一两分钟上皂、洗手和擦干是一种愉悦的体验。

其实洗手也分正确洗手和错误洗手。正确洗手的步骤是：

▲用温水，避免水温过热。

▲使用肥皂。

▲像给你的手戴上一双手套那样涂抹肥皂，搓出来的泡沫应该覆盖你的手腕和手指。

▲揉搓手背、手指和指甲 20 秒。

▲洗干净手后用干净的毛巾擦干。

▲开心地检查双手！

你离开洗手间时，手若是湿的，那它们还是不干净，手上还有可能有细菌，更易传播。所以浴室里必须要备有干净的毛巾。

在孩子养成正确的洗手习惯并享受洗手这件事以前，花时间和精力和他们一起洗手对你来说是值得的。一步步地将洗手步骤讲出来，这其实也给了你餐前洗手的机会。

高效陪伴养育优秀孩子：晚餐到晚安的亲子相处书

如何洗手

打开温水，不是热水！

涂上肥皂，搓出泡沫。

好好搓一下手指和指甲缝，别放过任何一个地方。

用肥皂洗一下手腕。

将双手完全洗干净。

用干净的毛巾将手擦干。

摆餐桌

既然孩子们的手是干净的，那他们可以摆餐桌。摆餐桌不仅是一项非常容易学习和上手的家务，也是一个心理过渡的手段，能帮助孩子们从做作业时间过渡到家庭时间。

如果能在晚餐时间铺上色彩鲜艳（且价格便宜）的餐桌布，那将是一个不错的点缀。这给人一种视觉暗示，几秒钟前还是做作业的桌子，现在却成了吃家庭晚餐的地方。

让孩子们摆餐桌对他们学习餐具摆放也是有好处的。下页有正式场合的餐具摆放图。

孩子们有两个杯子，一个装水，另一个装牛奶（假设你让他们喝牛奶）。

装甜点的餐具放在最上面，以免和要装其他食物的餐具混淆。菜单上如果有汤才摆汤匙。

为帮助孩子掌握餐具摆放，你可以购买显示餐具摆放的餐垫，这样他们可以按照餐垫的指示一步一步摆放餐具。通过这种方式，孩子们开始学习餐桌礼仪和视觉组织。当他们学会如何摆放餐具后，就不需要餐垫了。

知道使用哪种叉子也是好处多多。一位朋友曾告诉我，有一次他在一家投资银行一边接受面试一边和面试官进行午餐。面试在午餐时间进行，这一件事也是告诉我们，面试官想要了解应聘者的礼仪和社交技能。

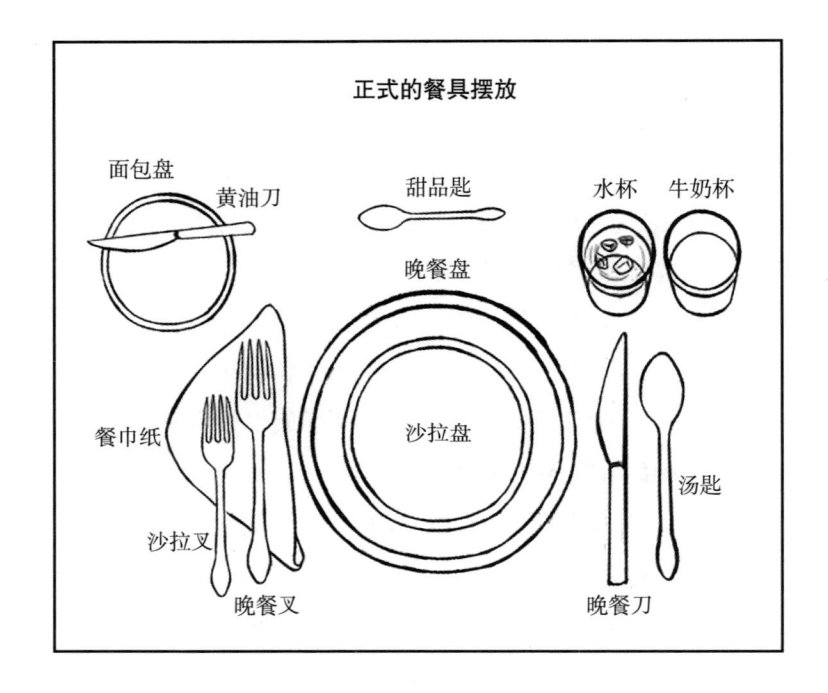

```
          正式的餐具摆放

  面包盘       甜品匙      水杯  牛奶杯
    黄油刀
              晚餐盘

  餐巾纸              沙拉盘

    沙拉叉                          汤匙
       晚餐叉            晚餐刀
```

我朋友惊慌地给他妈妈打电话，因为他不记得什么时候该用哪把刀。最后，他妈妈给他发了一张餐具摆放图，让他记住。这是我们这个时代的人类悲剧吗？不，不是。但是小时候若掌握了餐具摆放，成年后不管是在面对雇主还是心爱的人时就不必担心如何使用餐具这个问题了。

你会发现上面的餐具摆放图上有一个面包盘和一把黄油刀。现在晚餐吃面包的吃法越来越少了，面包如今面临着各种负面看法。但全麦面包非常健康，如果趁热吃的话，孩子们会特别喜欢的。如果你选择吃面包或面包卷，那配上面包盘和黄油刀会更有仪式感。

非正式的餐具摆放

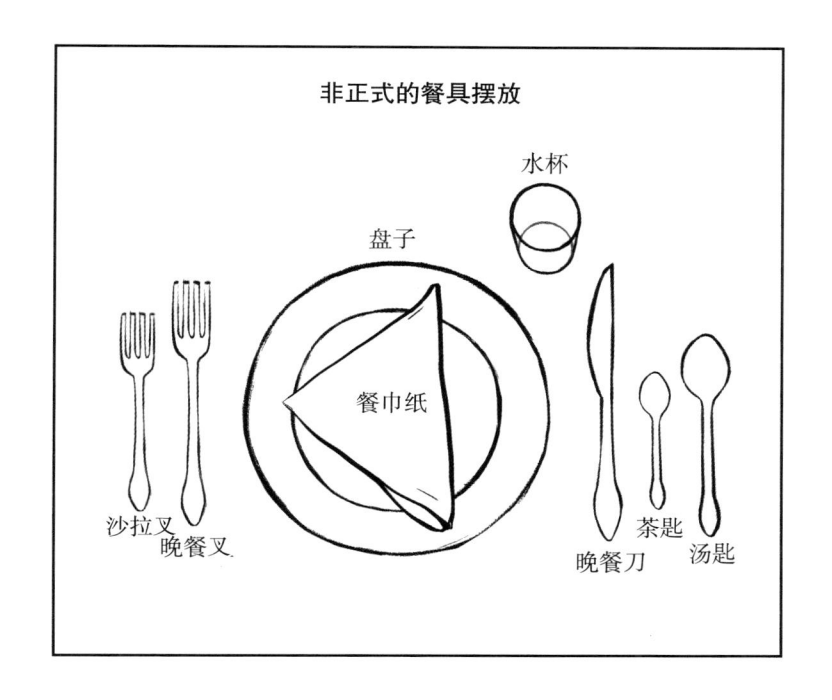

水杯
盘子
餐巾纸
沙拉叉
晚餐叉
晚餐刀
茶匙
汤匙

上图是一张非正式的餐具摆放图，成年的家庭成员可以将牛奶杯换成自己喜欢的饮料。

照明和音乐

家庭晚餐是一种家庭文化的表达。关掉房间里的一盏灯或将光线调暗，简单的操作能在晚餐时提供舒适的照明。你可以选择背景音乐来营造一种轻松的就餐气氛。需要注意的是，确保播放的音乐不影响晚餐时谈话。

餐前感恩仪式

餐具摆好了，晚餐也做好了，全家人坐下来了。

晚餐是一种仪式，所以最好以一种仪式的方式开始。仪式可以很简单，如做祈祷或简单地说声谢谢。对我们所拥有的一切美好表示感谢——感谢我们拥有一个家庭，吃到营养美味的食物，甚至是感谢我们拥有一个既能享受天伦之乐，又能吃到美味食物的家。感谢可以帮助我们重塑认知、调整情绪。这个小小的仪式能增加我们的幸福感。

此外，在日常生活中表达感激对人好处多多。经常表达感激的人比不经常表达感激的人更能感觉自己健康。因为他们知道自己的幸运之法，他们没那么容易嫉妒、怨恨和沮丧。每天想想自己所拥有的能让自己不深陷物质的旋涡。它让我们没那么轻易相信那些让我们花钱买幸福的广告。所有家庭成员每天充满活力地表达感谢可以增加家庭幸福感。

最重要的是，感恩永远没有错的时候。生活顺利时，感恩能帮助我们谦虚地拥有好运；生活艰难时，感恩能让我们向前看。归根结底，拥有感恩的心态能让人的情绪稳定并增强人的适应力。我们可以教孩子这个关键的生活技能——每天晚上心怀感恩开始我们的晚餐。

餐桌礼仪重要的原因

我们都参加过这样的正式晚宴，一个人在大家开动前就开始吃东西，或在讲敬酒词之前就尝了一口酒。虽然知道礼仪规则可以避免在正式场合发生尴尬，但这并不是餐桌礼仪的真正价值所在。

餐桌礼仪的存在不是为了把人分开，而是为了把人聚在一起。餐桌礼仪有助于感情的增进。当有人打嗝，手伸过桌子去拿盐，或张大嘴巴吃东西，这样和他们一起吃饭就很难开心起来。相反，良好的餐桌礼仪是人由内而外地表现出来的，并不需要刻意为之。如果想要孩子进入社会并交到朋友，我们应该尽全力去教他们餐桌礼仪。

孩子在 5 ~ 12 岁应该掌握下表中列出的餐桌礼仪。列表中有两栏，一栏为基本的餐桌礼仪，另一栏为理想的餐桌礼仪。基本的餐桌礼仪是指那些能帮助大家享受愉快的一餐的餐桌礼仪。理想的餐桌礼仪则更复杂点，它们能让孩子们无论是在晚餐中，在家或在其他地方都能快乐就餐。我觉得首先要确保孩子能掌握基本的餐桌礼仪，再去操心掌握理想的餐桌礼仪的事。

餐前感恩可以说什么

感恩我们要吃的食物,感恩那些将食物做出来的人,感恩那些与我们一起分享食物的人。

☆ ☆ ☆

感恩我们要吃的美餐,感恩家人、感恩家庭、感恩生活。

让我们想想那些不幸的人,希望他们获得力量,有一个更好的明天。

☆ ☆ ☆

感恩食物,感恩一切,感恩家,感恩美好,感恩风雨,感恩阳光,感恩我们所爱的人。

餐桌礼仪

1. 闭着嘴咀嚼。
2. 手和肘勿放在桌上。
3. 请勿抓盐。
4. 禁止打嗝。
5. 说"请"和"谢谢"。
6. 勿在桌上玩电子设备。
7. 勿在桌上吵架。

第二章 晚上6:30～7:00 晚餐半小时的力量

适用于5～12岁孩子的餐桌礼仪

基本的餐桌礼仪	理想的餐桌礼仪
安静地吃。不打嗝,不出声。	用餐前把餐巾放在膝盖上。
利索地吃。叉子或勺子上不留有多余的食物。	加盐或加胡椒粉前,先尝一下你的食物。
不要吃太快。	将盐和胡椒粉一起递给需要的人,即使他只说了其中一样。
闭上嘴咀嚼食物。	不能将面包整块卷着吃,要将它切成小块吃。
嘴里有食物时不要喝水或说话。	参与交流。
不要越身去拿离别人很近的东西,要请他们递给你。	离桌时请说"失陪"。
说话时(任何时候)不要舞动餐具。	称赞厨师。
坐直。吃饭时不要把手和肘放在桌上。	喝汤时,嘴含着汤匙喝,不要让嘴靠着汤匙边缘喝。
不与别人说小话。听着并等着轮到你。餐桌上大家一起交流,而不是各谈各的。	如果你刚好咬了口食物,别人就来找你说话,你可以做一个"等一下"的手势,先把食物咽下去再回答。
吃饭时不准玩电子设备,包括手机。所有的手机都应该关机或调成静音。	餐后请把刀叉放在一起。
说"请"和"谢谢"。	当所有人结束晚餐,请将你的餐巾放在桌上。
随时用餐巾把嘴擦干净。	—
把肉切成块状,吃掉一块然后再切另一块。	

晚餐时间不应该是什么样子

虽然家庭晚餐上我们听得到各种赞美,但是有一点非常重要,那就是如果你只是和你的家人坐在一起,为他们夹菜,和他们交流,这显然不够。我们都在电视上看过那些戏剧化的家庭晚餐,一家人整齐地围坐在餐桌旁,好吃的菜也在不断地往桌上放,但冲突却在酝酿着。现在我们来看一些常见的错误,这些错误让家庭晚餐变得不那么美味可口。

什么是不成功的家庭晚餐

电视开着的时候。尽管一家人围坐在一起,桌上有营养丰富的食物,电视也会把每个人的注意力从谈话中转移开来。没有谈话,家庭晚餐的最大好处也就随之消失。此外,看电视吃饭让我们意识不到自己吃了多少,是否已经吃饱,我们会吃得更多。

桌上放有手机或电子设备。在桌上放着手机或电子设备,即使它们处于关机状态,也会降低用餐时的谈话质量。

借晚餐的机会"演讲"。许多家长认为"我们会在晚餐时间解决问题"。不幸的是,这会让本应该珍惜的晚餐时间变得可怕。如果你必须做"演讲",另选时间为好。

"食物监察官"在场。晚餐时间不应用来一直讨论谁在吃什么或谁不应该吃什么。如果你关心孩子的饮食习惯,那就让他们参与菜谱的制订。有些孩子是挑食,有些孩子则有进食障碍,需要专业医疗人员的帮助。你和营养师或医生一起帮助孩子,为他们制订一个大家都感觉不错的菜谱。餐桌应该是一个和谐愉快的地方，并不是一个充满压力，伴随各种审视的地方。不要评论他们在用餐时间吃了多少或应该再吃点什么，也不要在用餐时间解决这些问题。

当父母关系紧张或剑拔弩张时。讲一段感恩的话可以帮助父母调整情绪，提醒他们什么才是重要的。同样，如果你这一天过得特别艰难，请你告诉孩子们，让他们知道你并不是情绪化。

当晚餐谈话仅限于事务性谈话时。谈话内容涉及需要完成的任务，比如提醒人们需要做的事情——即将来临的测验、明天足球比赛需要的装备……这样会把晚餐时间变成唠叨时间。把晚餐想象成一片绿洲，在这段时间里，人们可以忘记日常生活中的琐碎，进而讨论范围更大的话题。

家庭晚餐的好处在于有意识地去重视团聚、放松身心并愉快交流。在家庭餐桌上，我们并非处于生存模式，或高效地在用餐过程中处理多项任务。相反，我们过着我们有理由珍惜的生活。我们是一家人，而不只是分享同一空间的个人。我们有传统，有文化，有远离一天事务的休息时间。因此，家庭晚餐滋养了我们的灵魂、身体、思想和心灵。仪式本身使我们成为一个家庭。

仪式的一个重要部分是保持家庭晚餐的氛围愉快和积极。父母有责任为这种好氛围做出榜样，即使是在他们并未察觉到的时候。餐桌应该是一个所有家庭成员都觉得舒服和放松的地方。争论不休的兄弟姐妹们应该在用餐时间选择暂时停火。作为家长，也应该转变注意力，选择别的时间来讨论结果不太好的成绩单或其他问题。

事务性谈话和"闲谈"

事务性谈话就是你告诉孩子准备去上学、喝牛奶、上床睡觉或刷牙。这种形式的交流是关于完成工作的。我们需要事务性谈话来推进日程。它主要是关于影响此时此地的具体事情，它在我们的生活中起着至关重要的作用。

所有家庭都会进行事务性谈话，不那么经常闲谈。闲谈是描述思想和经历的语言。如果你描述一天中发生在你身上的有趣事情，或猜想谁会成为下一任总统，或讨论你应该在哪里庆祝即将到来的节日，那么你使用的就是去文本化谈话。

和事务性谈话相比，闲谈更抽象，使用的句子结构、动词语气和时态以及词汇更广泛。它能增加孩子们的眼界，让他们跳出此时此地，不再局限于家庭生活。在充满闲谈的家庭中长大的孩子在学校表现得更好，这一点都不令人惊讶。他们的词汇量更大，在抽象思维和推理方面比其他孩子更强。下表进一步阐述了两种交流形式之间的区别。

显然，闲谈是有好处的。那么我们该怎么进行呢？我们应选择简单而精彩，离题远，方向也出其不意的话题。我们可以讲故事、讲笑话、问问题，表达愿望，道出失望，然后开怀大笑。晚餐时进行的美妙谈话总是出人意料。

第二章　晚上 6：30 ~ 7：00　晚餐半小时的力量

事务性谈话和"闲谈"

谈话方式	事务性谈话	"闲谈"
例子	"把盐递过来。" "吃蔬菜。" "作业做了吗？" "安静！"	"你今天在学校学了什么内容？" "今天去上班的途中发生了一件搞笑的事……" "你听说……了吗？" "一天中你最喜欢哪个时间段，为什么？"
特征	结果导向 关于此时此地，需要发生或完成的事情 具体	思想导向 关于经历、想法和事件 抽象

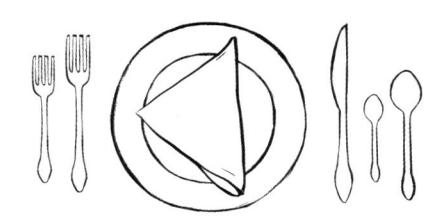

当父母和孩子进行丰富的谈话时，孩子的词汇量也会大大增加。事实上，尽管阅读对孩子有很多好处，但晚餐时的谈话对他的词汇量增加更有影响。不仅是你说的话能帮助孩子成长，你讲述的故事、你给出的解释以及你回答他们问题的方式都能帮助他们成长。当你说话的时候，孩子会注意你是如何清晰地表达复杂的思想和事情的。当他们倾听时，他们会学到你的技能。与完成家庭作业、参加体育活动或参与艺术活动相比，定期与家人共进晚餐更能提高孩子的学习成绩。

孩子们有很多自己的想法，会告诉我们很多，但这并不意味着他们一直是乐于分享的。

孩子会因为我们对他们本身或他们的经历感兴趣而敏感。孩子们会从父母那儿得到暗示——根据父母的情绪和精气神相应地调整他们的谈话。

当孩子们想要开心地讲他们一天中发生的故事时，家长应该在晚餐时营造一个积极轻松的气氛。

家长可以先从讲自己的故事开始："在上班的途中我看见……"或"我想我可能会找到一个更快的方法来……"做到眼神交流，倾听对方，给对方自由发言的机会，这些都是培养谈话技巧的关键。你也可以这样说："我今天过得很辛苦，有人伤了我的心。"只要你没有让孩子们觉得有责任解决你的问题，认为你仅管这一天过得很难过却并不会影响对生活的热爱。闲谈就成功了。

第二章　晚上6:30～7:00　晚餐半小时的力量

眼神交流和积极倾听

当我们和说话的人进行眼神交流时，我们不仅在听他们说话，也在观察他们的面部表情和手势。晚餐时手机的使用面临一个问题，那就是它会打断眼神交流。前一秒别人还在全神贯注地听你讲话，下一秒他们就一边听你讲话一边看手机——很快他们就完全不听你讲话了。这让人沮丧。

在现代文明中，眼神交流和它所传达的尊重和同情是一种基本的社会习惯。如果父母把大部分时间花在盯着屏幕，孩子们面对面交流的机会就会越来越少。不盯屏幕的你可以将全部精力放在孩子身上。这会让孩子觉得自己很重要，有人关注他，倾听他。这将教会他们如何给予他人关注和尊重。

和我合作的一些学校，他们会教孩子们眼神交流（我们称之为"跟踪讲话人"）。当全班同学都知道要和讲话人保持眼神交流时，课堂文化就会变得更加丰富多彩，更有活力和凝聚力。眼神交流必须要由老师来教，因为很多孩子来到学校并没意识到眼神交流是一种基本的社交规则，他们也不善于保持眼神交流。这说明，孩子们在家也没进行眼神交流训练。当孩子们试着告诉我们一些事情时，我们可以通过注视他们的眼睛来对他们进行训练。

讲故事

　　合理有趣的小故事非常适合在餐桌上讲。虽然父母并不常讲，但大多数孩子非常喜欢听父母讲他们儿时的故事。以我的经验来看，许多父母并不认为他们的儿时经历是"故事"，或者不认为他们的孩子会觉得这些故事值得听。请让孩子来评判吧。大多数父母可以肯定的一件事是，他们的孩子喜欢听父母讲述他们小时候是什么样子的。因为当下的大多数父母小时候有那么一段时间没见过互联网或用过手机。那么如何在没有互联网或手机的情况下生存下去，故事就很多了。

　　讲故事重要，以彼此的故事为基础也同样重要。积极倾听孩子故事的同时，自己的经历也会随之想起。"这让我想起……"这个句子就非常棒，应该在餐桌谈话中经常使用，尤其是当家长掌握谈话权，将一家人带入另一个话题或故事的时候。

第二章　晚上6：30～7：00　晚餐半小时的力量

结束晚餐

　　让孩子们知道晚餐有开始、中间和结束，这一点很重要。作为集体活动，每个人都会经历整个就餐过程。家长可以把餐巾放在餐具的左边，邀请孩子们去洗手，以此作为晚餐结束的信号。孩子们很乐意做其他事情来推迟做作业，所以他们很可能会朝着浴室的方向跑去。这便给你们时间清理桌子，如果有必要的话，将孩子的家庭作业放在桌上。我建议根据家庭作业的安排来调试照明光线，因为这能帮助孩子整理情绪和调动行为。建议选用轻便的学习灯，可以随意放在餐桌上或拿开。它们可以避免整个房间的光线太亮，能营造一种温暖又愉快的学习氛围。

　　父母可以制订一个精心设计的结束仪式，促使孩子们向厨师为他们准备丰盛晚餐表示感谢，或者帮助清理桌上的盘子，并对他们刚刚享用的晚餐说一些感谢的话。

　　当孩子们回到餐桌上时——或许你需要将他们拉回到餐桌，因为浴室里的镜子和其他拖延术的结合对孩子们来说是致命的，这一幕是为忙碌的家庭作业时间做准备的。

　　对于5～12岁的孩子来说，和爸爸妈妈一起坐在公用的桌子旁更容易让他们更好更快地完成作业。

为什么晚点洗碗最好

晚餐结束后，我们大多数人都习惯马上洗碗。然而，为了能够让孩子快速地完成家庭作业，家长们需要在晚饭后马上集中注意力在孩子的家庭作业上。等到孩子上床睡觉时，你就可以洗碗，可以在和伴侣聊天时，与朋友通话时，听音乐时，看电视时或者就沉浸在幸福的安宁中洗碗。

第二章 晚上6：30～7：00 晚餐半小时的力量

特殊情况

▲经过漫长的一天的工作后，我感到筋疲力尽，无法在餐桌上和家人交谈。事实上，如果让我来选择，我会自己一个人吃饭！大多数晚上，我都累得不想讲故事，也做不了有趣的观察，难道我注定要让家人失望吗？

坦率地告诉孩子，你已经在工作中讲了一整天的话，现在只想听听他们的故事、想法和观点。如果你对他们说的话表现出真正的兴趣，他们会很高兴引起了你的注意力，并在很大程度上自己进行交流。即使你很累，你仍然可以通过和他们保持眼神交流，对他们说的话做出反应，问一些问题来进行积极倾听。大人有没有认真听他们说话，孩子总能分辨出来。如果你成为孩子们的忠实倾听者，即使你保持沉默，你也能帮助他们在晚餐时的谈话中获益。你可能会惊讶地发现他们讲的有趣故事可以使你精神恢复！

▲我没时间为家人亲自做晚餐，更别提三道菜了。那么我该如何为一家人提供一顿三道菜的晚餐呢？

你可以考虑一下蔬菜、蛋白质和水果。对于第一道菜，现在市面上都有现成的健康汤，你可以储备一些罐装的健康汤，以备不时之需，也可以在需要的时候买新鲜的汤，或周末自己做汤。对于快手沙拉，杂货店里有卖袋装沙拉，你只需买来装盘即可。你的第一道菜不需要比这个复杂。对于第二道菜，你可以在某个周日或晚餐时提前做好。大多数鸡肉、肉、鱼和豆腐都可以在饭前30分钟内准备好。至于第三道菜，准备水果片就好。水果除了拥有丰富的维生素外，还能清洁口腔。瞧！只要你在周末采购齐全，准备工作便会又快又容易。

▲我有三个孩子，每个孩子都有不同的食物过敏症状和食物喜好。我要怎么去为他们准备饭菜呢？

和你的孩子一起（在周末，别在工作日的晚上）制订至少五份他们喜欢的健康菜谱，并交给营养师进行管理，以确保它们提供孩子在成长中所需的全部维生素、矿物质和蛋白质。根据这个孩子最喜欢的食物和那个孩子最喜欢的蔬菜创建一个购物清单。让孩子们在周末列好平日的晚餐清单是个很棒的主意，你甚至可以让他们将自己喜欢的菜放在他们的食物储藏箱里。一旦大部分的准备工作在周末完成，你只需要在每晚做饭时根据当晚要求并在可以掌控的前提下进行小小的改变即可。

▲每周晚上都要吃家庭晚餐吗？我的孩子们运动到6点后，需要直接去写家庭作业。我会把做好的晚餐放在他们的桌上，他们边做作业边吃饭。我只是觉得这不太现实。或许一周一次或两次？

第二章 晚上6：30～7：00 晚餐半小时的力量

虽然不可能每周晚上都能一起吃家庭晚餐，但我们应该尽量做到每晚，次数越多越好。孩子们需要在轻松快乐的氛围里吃晚餐，和父母以及兄弟姐妹联络感情。家庭晚餐的目的不只是简单地吃个东西，还有增进感情。孩子们每天都必须这样做，而不是一周几次。如果各种活动影响了家庭晚餐，我们应该问问自己是什么原因让五年级曲棍球训练的时间优先安排在晚上6点半或晚上7点。

▲如果我这天工作得非常辛苦，我不想和孩子一起吃晚餐，我想一个人安静地吃。这有什么不对吗？至少我不想把坏情绪发泄在他们身上。

让孩子看到父母处理生活中的挑战是很重要的。你完全可以告诉孩子："我今天过得很辛苦，心情不太好，所以如果今晚我有小脾气的话，我道歉。"只要你没有让孩子们觉得有责任去解决你的问题，承认你这天过得糟糕并没有错，不管怎样，他们都会注意到这一点。一起吃饭可能会让你感觉好一点。

▲不能在晚餐中使用手机这种做法给人的感觉是非常厌恶科技。现在是21世纪，手机是我们用来交流的工具。那这个建议是不是有些过时了？

不管新旧，我们都想把最好的结合在一起。有效的谈话是永恒的，对我们的幸福至关重要。晚餐时间需要一个理想的场合去推动谈话。有证据表明，将手机放在餐桌上会让有效的谈话受到干扰。所以我们应该尽量在餐桌礼仪里说明这个情况。就餐时禁止使用手机。

你将：

√ 陪着孩子做完家庭作业。

√ 看到孩子的进步过程。

√ 完善孩子的组织能力。

√ 了解家庭作业布置情况。

√ 夸赞孩子所做的努力。

√ 帮助孩子整理书包。

第三章
晚上7：00～7：30
忙碌的家庭作业环节

晚饭前,孩子们就已经开始做家庭作业,既然晚餐结束,那么完成那些任务的时候也就来了。这是父母陪着孩子一起帮助他们完成任务的好时机。

第三章 晚上7:00～7:30 忙碌的家庭作业环节

家长在家庭作业环节扮演什么角色

注意,我们讨论的是13岁以下的孩子,家长在完成家庭作业方面扮演着重要的角色。家长需要:

▲提供一个安静且光线充足的地方来完成家庭作业。

▲和孩子一起复习当天老师布置的家庭作业,让孩子自己做主决定先完成哪个科目。

▲提示孩子检查他是否准备好了完成作业所需的学习用品。

▲帮助孩子预估每科作业需要花多长时间完成,设置预估时间。

▲坐在孩子旁边,确保他/她专心做作业。

▲检查作业是否做完,书写是否整洁,如果作业没做完,书面不整洁,要求孩子改正(作业内容可以不抓)。

▲当孩子每完成一项作业时,记得表扬他/她。

▲当孩子收好家庭作业时,记得鼓励他/她。

父母需要做的事情太多了。这就是为什么你要在忙碌的家庭作业环节陪在孩子身边。你会注意到这个列表并没将家庭作业的内容列入。如果你的孩子对某个问题的理解让你产生疑问,就先记在心里。如果疑问继续存在,你可以给老师发邮件求解。如果你发现某道数学题把你给弄糊涂了,你先等等,别着急求解(我通常是先记在心里),如果随着时间的推移，此题仍然困惑着你，那时再去向老师求解。当老师高估了学生的技能或知识，或给学生布置了存在问题的家庭作业，孩子会在没有家长帮助的情况下很快遇到问题。

作为家长，你的工作不是帮助孩子完成家庭作业，评价作业或改正作业（除非要求书写整洁）。你的工作是鼓励孩子，让他们完成作业，并将作业收拾好。

创造一个光线好的家庭作业环境

一般家庭的做法是在孩子的卧室里配一张个人书桌，以使他们在做家庭作业时免受打扰。我觉得这个方法不适合13岁以下的孩子。5～12岁的孩子更适合和其他家庭成员一起坐在餐桌或大书桌旁做作业。一个原因是孩子还小，一个人坐着写作业非常孤单；另一个原因是大部分孩子自制力不强，无法集中精力做作业。因此，我认为最理想的是给孩子在客厅或餐厅配一张合适的大书桌，或者就用餐桌，这样方便家长在一旁陪着他们做作业。

对读书和写字的人来说，光线很重要。但这并不表示写家庭作业时要用到办公室那么明亮的吸顶灯。便宜的可移动台灯便能为孩子创造一种温暖、勤奋的氛围。和其他人一样，儿童对环境暗示非常敏感。一个特别的光线设计会带给人安静平和的感觉，这种感觉恰好利于学习和做作业。

定时进行作业冲刺

13岁以下的孩子可以在完成个人家庭作业时使用计时器。

第三章 晚上7：00～7：30 忙碌的家庭作业环节

你设置一个时间，他们就会在这个时间内集中注意力做作业。根据孩子的年龄和注意力保持时间，作业冲刺可以设定为90秒到15分钟不等。在作业冲刺阶段，孩子们完全沉浸于做作业中，不能问问题。每次作业冲刺后，孩子们可以休息3分钟。

为什么冲刺阶段不能问问题？孩子要学会自己解决问题，这非常关键。教育有一个最明显的趋势，向老师提问的学生越来越多，但他们问的都是自己能轻易解决的问题。重要的是，孩子们在寻求帮助前，要培养反复阅读题目的能力，对一个问题要进行深入思考。同样重要的是，他们要建立一种自我期望，这样才能在他们的能力范围内自己解决问题。

那些寻求大人或同学帮助的孩子往往对题目不上心。我经常在教室看到这种情况。老师在解释整个题目任务时，有些孩子明显没注意听讲。可是一旦任务开始，这些孩子又会去问老师任务的说明。他们明显没注意到老师已经解释过。导致这种行为发生的原因有可能是注意力难以集中也可能是没有形成良好的倾听习惯。无论哪种情况，安静的作业冲刺能极大地有助于培养解决问题的能力和注意力控制能力。

记住不要将这种方法和对孩子的问题缺乏兴趣混为一谈。问问题没错，但如果问的是已经解释过的问题或自己能解决的问题就有错了。如果孩子实在不知道如何解决问题，他们可以在冲刺的休息时间寻求父母帮助。那时，他们会在大人的适当帮助下努力尝试自己去解决。

为什么安静做作业很重要

在如今这个喧嚣，充满各种媒体的世界里，想要在家里营造一种安静的环境越来越难。大人和孩子能从安静的环境中受益良多。任何年龄层的人，只要不被声音分散注意力就都能很容易集中注意力。安静的环境能让大脑集中精力，专注手头的工作。

讽刺的是，我们对噪声习以为常，以至于安静会让人不安和不舒服。忍耐甚至是享受安静的能力是进行脑力工作的前提条件，这样才能产生深刻的思考。因此，培养孩子们对安静的忍耐力是很重要的，他们会从中受益。益处包括：

▲安静能促进血液流向大脑。

▲安静比听古典音乐更能放松大脑。

▲安静是一种环境暗示，暗示脱离外界是安全的。这使我们能够把全部注意力转移到抽象思维上。

▲安静能刺激大脑发育。2013年的一项关于大脑结构和功能的研究发现，两小时以上的安静能使大脑中与学习和回忆相关的区域产生新的脑细胞。

第三章 晚上7:00~7:30 忙碌的家庭作业环节

每个孩子都应该有的家庭作业工具

父母的亲密关系对13岁以下的孩子来讲非常重要,所以理想的家庭作业环境并不是在孩子卧室为他准备一张书桌,而是准备一张公用桌子,父母和其他兄弟姐妹都能用。在做作业期间,任务灯要打开,保持安静,这些都在营造一种"现在是家庭作业时间"的氛围。

在做家庭作业的桌子上放一个家庭作业工具箱,这个桌子可以是大书桌也可以是餐桌。这个工具箱里需要装有孩子完成作业可能需要的整套工具。请你将这个工具箱提前放好。

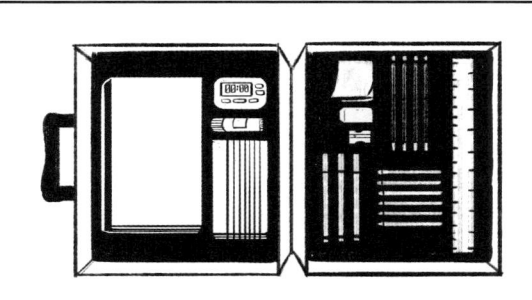

每个孩子都需要准备一个家庭作业工具箱,里面应该装有铅笔、尺子、橡皮擦、铅笔刀、便签贴、马克笔、笔记纸和计时器。

工具箱清单

▲孩子的词典和《百科全书》。

▲彩笔和马克笔。

▲蜡笔。

▲橡皮擦。

▲胶水。

▲铅笔。

▲钢笔。

▲海报板（特殊任务使用）。

▲尺子。

▲剪刀。

为什么身体接触有帮助

13 岁以下的孩子渴望和父母身体接触。父母半小时的陪伴对孩子来说充满了安全感。当然，这也会导致他们不专心做作业。

可以从在家工作的人的角度来思考这个问题。事实上，只有很少一部分人能够像在办公室一样在家里工作。这和人类的基本天性有关。有人观察的时候，我们会更加专注工作。同样地，孩子们坐在公用桌旁做作业，家长在旁边陪着，他们的专注度要比在自己卧室里要高。这样做会达到家庭作业做得更好，做得更快的效果。

帮助孩子制订一个待办事项清单

坐在孩子旁边，开始忙碌的家庭作业环节。你要做的第一件事是清点任务。如下图所示，在一张纸上画一个双列的表格，表头为："已完成"和"待完成"。

和孩子一起检查哪些作业已完成，哪些还未完成。画两列，并像表中提示的那样填写内容。这样做会让孩子们对他们在晚餐前所完成的事情有一种满足感，并期待着要完成的作业。如果孩子在晚餐前并没完成多少作业，表格上也能一目了然。这将给他们一个视觉提示，告诉他们在晚餐前把做作业的时间浪费掉是多么不明智，从而激励他们在以后的日子里能有效完成作业。

待办事项清单

已完成	待完成

既然孩子知道需要做哪些作业，那么是时候确定哪些作业需要优先完成了。让孩子决定作业的完成顺序，但要告诉孩子最明智的选择是将最简单的作业留到最后。

让孩子做决定旨在帮助他们养成优先选择和组织能力。掌握这种生活技能能让他们觉得一切尽在掌握之中，并分清什么是最重要的事。

接着让孩子预估每项作业需要花多长时间完成。大多数孩子（包括大人）都不擅长预估一项任务需要花多长时间，因此，这个实践非常有价值。当孩子们开始做作业，他们会设置一个时间，并和预估的时间进行比赛。如果作业需要很长一段时间完成，他们可能会中途休息，分几个作业冲刺阶段来完成。验证他们的预估有多准确将促进他们完成家庭作业。长此以往,他们在预估家庭作业完成时间这方面会变得得心应手。

当孩子准备开始进行清单上的第一项作业时,问他们需要从家庭作业工具箱里拿出哪些工具。一旦他们准备就绪,设置好计时器,就可以开始坐在旁边陪他们做作业了。

监督、激励、组织和表扬

当孩子完成每项作业或在指定时间完成作业时，要对他们的努力要进行表扬。看一看他们的作业，对书写是否整洁提出反馈。如果你发现拼写、大小写、标点符号有错，不用担心，大胆指出这些错误，并让孩子改正过来。一般情况下，不用检查其他方面，因为孩子完成了作业，第二天老师会和全班一起订正答案。

为孩子做家庭作业，或纠正孩子的理解问题都不是家长应该做的工作。通常，善解人意的父母为某个知识点重教孩子，只会让他们更困惑。这种情况经常发生在做数学作业上。父母教的数学题解法和如今教的解法大相径庭，相信老师会纠正任何错误。

不强调天赋，强调坚持和努力

孩子在解一道数学题时挠挠头，他抱怨道："我不会做！"如果你回他："我也不会做数学题。其实，我们家的人数学都不好。"你在传递一种信息，智力和能力是固定的，是预先决定的。如果我们都相信的话，那么教育就没什么意义了。教育本身关乎成长、发展和改变。评价孩子天赋能力的语言都没用，不管是"但你数学很好"还是"你只是没数学细胞"。一般来说，最好不要对孩子的能力发表看法，即使他们的能力很强。相反，要关注他们是如何从这项技能转移到下一项技能，如何从这个问题转移到下个问题，从这个优势转移到下个优势。

鼓励一个正在纠结数学问题的孩子可以用一个更好的方式，你可以说："我知道数学很复杂，但我也知道你能算出来。你不妨告诉我你一开始是怎么解决这个问题的。"这个方式能让孩子记住解决问题的步骤，或是让他意识到他忘了老师曾讲的解题步骤。如果孩子是忘记了老师曾讲的解题步骤，你没有义务去填补空白。一个经典的样本问题可以为解题步骤提供线索，你可以让孩子注意到这点，并将它作为例子。如果没有样本提供，让你的孩子头脑风暴一些解法。如果孩子还是没有办法解决，告诉他把问题留到第二天，去找老师帮忙，先解决下一个问题。你的结论可能会是："你可以这样做，但你需要知道步骤。我们明天再来研究，我都等不及让你告诉我你是怎么做出来的。"

以上方法适用于孩子在学校遇到的任何挑战。我们应该相信孩子有能力面对困难，通过努力掌握复杂的技能。作为家长，我们不愿意看着孩子在困难中挣扎，但这标志着他们在学校接受挑战，是件好事。

相信孩子有能力在挑战中坚持下去，鼓励他们勇往直前。不要对他们的智力和天赋发表任何意见，这对他们没好处。相反，你要强调成长、进步和迎接挑战的重要性。告诉他们，真正的学习伴随着刻苦和努力——刻苦和努力不是坏事。

独立阅读

13岁以下孩子每晚应当进行10～30分钟的独立阅读。除非孩子需要完整的30分钟来完成所有家庭作业,能从这30分钟中挪出一点时间来进行独立阅读最好不过了。为他们提供一些便签贴,这样他们可以标记那些他们之后想和你或老师讨论的细节或事件。

如果孩子不愿意进行独立阅读,那么就让他读给你听,或者你们轮流读。可是,这不叫"独立阅读",不过这比孩子完全不读的好。长此以往,孩子掌握阅读技能后就会想要独立阅读。

探索伟大的未知领域:孩子的书包

当孩子在做作业时,你可以好好抖一抖他的书包,清理一下(如果他同意的话)。书包有时候像黑洞,它是童年的未知领域。书包上似乎有无数的口袋、拉链、角落和缝隙。你将它们全打开,扔掉装在里面的垃圾,把书包里的东西皆数拿出,然后把空书包拿到废纸篓上甩一甩,尽量把它弄干净(书包偶尔需要机洗,你可以周末洗)。你这一步完成了,孩子就有全新的书包了。

做作业期间需要避免的事情

噪音。有些家庭要比其他家庭爱说话。控制噪音,提倡低语。记住:你只需要在短时间的冲刺阶段保持安静,每次最多 15 分钟。这种家庭纪律体现了对家庭作业时间的重视。

如果在家庭作业时间，你实在控制不住周围的噪音，建议给孩子买一幅好的耳塞，可以降低噪音，让孩子集中注意力。

分心。在任务间能与孩子进行短暂的（3 分钟以下）交谈是最理想的。休息时，需要设置计时器，时间到了便停止交谈，让孩子继续做作业。如果孩子想和你分享一些重要的事或情绪，你可以说："我迫不及待地想听，但先把作业做完，做完后你再告诉我吧。"许多孩子为了逃避家庭作业，会讲他们喜欢的事情来转移你的注意力。喜欢的事情可以是任何事。你的坚持会帮助他们学会专注于需要做的事情，而不是帮助他们逃避家庭作业。

多项任务。成年人认为自己可以同时专注于几件事情，但实际上一心多用只会产生反效果。许多家长选择在孩子做家庭作业的时候支付账单或拿出笔记本电脑工作或上网，我建议不要这样做。忙碌的家庭作业时间环节是一种积极的陪伴方式，只需 30 分钟。同时做好两件事没那么容易。你可能会专注于你正在做的事情，没注意孩子在干什么。如果你只花一半的精力在监督家庭作业上，孩子可能接受这种暗示，也只花一半的精力在做作业上。

抱怨家庭作业、老师和 / 或学校

当你检查孩子作业时，你会发现有些方面让你失望。也许你会发现作业太多，让人手忙脚乱。也许你会因为作业上的一个让你解决不了的问题感到愤怒。你完全有权做出这些反应，也完全有权与孩子的老师分享这些感受。但你不应该将这些感受告诉孩子。下面告诉你原因。

在孩子眼里，老师是权威。事实上，孩子越小，老师就越代表着教育。在学校里，孩子需要听从老师的教导，还有好好表现、好好取悦老师、好好重视老师的意见。当你批评老师的作业布置或其他教学实践时，你的言论会让孩子感到迷惑。这就像离婚的一方家长对孩子说另一方家长的坏话：这将使孩子处于为难的境地。孩子想尊敬老师，所以你的评论会干扰他尊敬老师的自然倾向。何况人们在疲惫或无聊的时候都不愿意谈及工作，这样你就给了孩子远离作业的机会。有些孩子甚至学会戏弄老师。这是一种循环，它可怕，而且具有毁灭性，但完全可以避免。你看，你为你的不当做法付出的代价太高了。

孩子在学校学到的一件事是，一个社区有很多权威人士——例如消防员、警察、教师和家长。对教师给予基本的公民尊重应该成为主导。否则，我们教给孩子的理念是：尊重是有选择的，取决于父母的判断。

第三章　晚上 7：00 ~ 7：30　忙碌的家庭作业环节

关于家庭作业的问题

▲关于家庭作业的讨论：多少作业算多？

家庭作业是家长们争论不休的话题。一个极端观点是"不做家庭作业"，观点认为学生，尤其是小学生，他们可以在课余时间做任何事情，就是不做家庭作业。而另一个极端观点是，学校应该给学生布置堆积如山的家庭作业，因为他们认为这样能帮助学生进入名牌大学。在这样的学校，初中一年级和初中二年级学生经常熬夜到晚上 11 点，做作业长达 4 小时。

根据常识，布置适当的家庭作业能让孩子的独立实践技能和运用学校所学知识的能力得到提高。在老师的指导下完成任务是一回事，自己完成任务又是另一回事。这就是给小学生和中学生布置家庭作业能起到的最好作用。

当你帮助孩子将作业拆分成小份任务，让他厘清困惑的地方，逐个将任务完成，收拾好作业后放在书包里，这一系列行为都在培养孩子的忍耐力和组织能力。渐渐地，孩子会掌握如何分析任务、解决困难，完成作业并确保书写整洁。这种能力可能不会通过标准化测试去评估，但它是很有价值的。

▲孩子有很多家庭作业，但都没什么意义。

小学早期阶段，孩子们会做一些看起来没意义的家庭作业，比如写字母或简单的算术。但有一点很重要，成年人觉得简单的东西对初学者来说很难。就拿那些字母练习来举例，学生会在第三次或第四次练习后在横线上写出一个字母，这些字母写得有进步了还是写得更潦草了呢？它告诉了我们很多关于孩子体力和脑力方面的信息。

初学者需要不断的重复和强化练习来习得成年人理所当然的一些技能，如写作、阅读、算数。一年级学生只要练习10分钟，二年级20分钟，三年级30分钟，这种基于技能的练习将为应对更复杂的作业铺平道路。那些声称这种日常练习"扼杀创造力"的人没有认识到所有创造力的基础就是技能，技能是通过实践获得的。此外，当布置家庭作业的量符合学生的年龄特征时，学生仍有大量时间自由玩耍。

▲我的孩子在学校待了一天后，必须在家里写一篇完整的作文。为什么没有在上课时间完成？

随着孩子进入小学高年级和升入初中，家庭作业时间可以用来写作文。这种复杂的技能需要高度的注意力、记忆力、组织能力和写作能力。正因为如此，作文不要在学校写，最好是在家完成。写作者需要安静的时间和空间进行写作。在学校写，时间根本不够。父母可以作为孩子的读者和参谋去支持他们进行写作。

▲我未满13岁的孩子每晚都要做几小时的作业，这太荒谬了。

家庭作业评论家的有一个观点我是同意的：做家庭作业可能是件好事。美国国家教育协会和家庭教师协会已经为学生的家庭时间设置提供了指导方针。大多数教育专家认为这个指导合理。如果学校布置的作业超出了建议的作业量一点点,家长可以不用计较。但如果学校布置的作业是建议的两倍或以上,那就应该提请学校注意。作为关心孩子的家长,表达你的关心比让其他家长加入你的"我们和他们对抗"要成功得多。大多数学校和老师并不想给孩子造成压力过度、睡眠不足或其他负面结果。根据我的个人经验,教师和学校管理人员对家长在这个问题上的反馈反应迅速,他们会立即做出努力来减轻负担。

孩子应该花多长时间去完成家庭作业?

(基于美国教育家协会和家庭教师协会的建议)

年级	家庭作业完成时间
一年级	10 ~ 20 分钟
二年级	20 ~ 30 分钟
三年级	30 ~ 40 分钟
四年级	40 ~ 50 分钟
五年级	50 ~ 60 分钟
六年级	60 ~ 70 分钟
初一	70 ~ 80 分钟
初二	80 ~ 90 分钟

▲孩子同一天有三场考试,这是怎么安排的?

在中学，当老师趋于部门化时，每个学科的老师可能不会和其他老师谈论他们每周计划的家庭作业。因此，学生可能会发现他们的作业、考试和几个科目的实验全在同一天进行，这就导致了学生的作业负担过重并熬夜。再次强调，提醒老师注意这一点非常好，只要是非对抗性提醒方式。大多数老师每天都在紧张办公。他们拿来计划的时间非常有限，从个性化课程到考试，再到对学生作业的反馈，这一切都需要组织。这就是为什么在初中和高中，你会发现孩子有太多的任务需要在同一天完成。老师们根本没有时间去相互交流。因此，当这种情况发生时，最好给老师一个善意的提醒。通情达理的老师会尽可能地修改交作业的最后期限。

放置学校信息的书包专用口袋

在你休息的 3 分钟里，问问孩子是否有学校带回来的信息。你和老师进行交流最好使用电子邮件，因为它会被直接传达给老师，而且保密性强。然而，有时候你需要寄钱或寄送一份需要签名的纸质表格回学校。有一个好办法，就是将孩子书包外面的一个有拉链的小区域作为存放学校信息的地方。这样你的孩子就可以打开那个地方查看学校的信息。

和孩子一起计划

如果有学校的信息，可以和孩子一起看并进行讨论。这些信息通常和即将到来的学校旅行、演出、读书俱乐部有关。拿出你的电子日历或纸版日历，记下要发生的事情，然后签回执给老师,并将回执放在指定的书包口袋里。

和孩子的学校交流

大多数老师会向家长提供他们的电子邮箱。发邮件给孩子的老师是非常合适的:"提醒:我不确定山姆是否理解假分数。"

我建议不要每晚甚至每周都发邮件给老师,除非你们遇到了麻烦事。我还建议,发送电子邮件的目的是寻求合作,而不是寻找对抗。

以下是一封合作性邮件的例子:

亲爱的桑德斯老师,

今天晚上我看了山姆做的假分数作业。我想他可能还没有掌握解法。我不想教他,因为我的教法可能没您在课堂上教的方法新。所以我想提醒您,山姆没有掌握假分数。如果您能给我一些建议,告诉我如何在家里支持他,我将不胜感激。

真诚地感谢您所做的一切。

山姆的爸爸

下面是一封对抗性邮件的例子:

抄送:校长

山姆对数学一窍不通。他不懂假分数。我看了他今晚完成的作业,他就是不会做。我大学学的是数学,可我也不会做今天的作业。我不知道你在课堂上教了什么,可教的都没用。我去 YouTube 找数学视频教他怎么做,结果他变得更困惑了。收到这条信息就给我打电话。我非常担心。

山姆的爸爸

当老师没回复时

给老师 48 小时的时间回复你的邮件或提醒。他们白天几乎一直和学生待在一起，很少有时间打电话或发电子邮件，而且有权在晚上休息。如果 48 小时后还没有回音，你可以给学校打个电话，然后给学校接待员留个信息。

如果你仍然没有得到回复，有一个办法，就是打电话给助理校长，解释你正在联系孩子的老师，说明你已经发了邮件、打了电话，但还是没有收到回复。校长不会来处理老师没回复家长这种小事情，但助理校长通常会积极监督教师，并让这种情况得到有效处理。

当你认为学校老师不喜欢你家孩子时

无论他们的个人喜好如何，教师的职业道德要求他们有责任且平等地对待所有的孩子。大多数教师达到了这个标准，但也有少数教师达不到。当孩子回家告诉家人自己在学校遭受不公平待遇时，仔细倾听并简单地说："我会调查的。"假定老师是无辜的很重要。

安排一次与孩子老师的会面，询问孩子在课堂上是否做了什么，遇到了什么困难。这比指责老师对你的孩子不公平要成功得多。这让老师有机会站出来说："你的孩子上课坐立难安，分散别人的注意力。"一旦问题公开，你们就可以一起解决这个问题。如果老师否认你的孩子有任何问题，那么你可以告诉他，自己孩子回家告诉家人觉得自己在学校不受欢迎。然后向老师保证，无论老师做了什么或说了什么，你都会相信老师对孩子的关爱。这时他可能会脱口而出为什么他觉得你的孩子有问题。保持冷静，向老师寻求建议，让他告诉你如何在家教育孩子，从而改善孩子在学校的行为。

见面结束时气氛要融洽，你应该说："我很高兴您这么关心我的孩子。我期待听到更多关于学校未来的快乐故事。我会在家里好好管教他。谢谢您抽出时间来见我。"如果老师真的欺负了你的孩子，他就不太可能继续这样做了。你已经以最好的方式，让他知道你是站在他这一边的。如果这次见面让你了解到孩子在课上的行为影响了老师的课堂教学，那么你有必要和孩子聊一下这些事情。和孩子讨论如何处理任何可能有问题的行为。一定要把这种讨论框定为就事论事的因果关系，并向你的孩子保证老师确实喜欢他。

当你或你的孩子不喜欢学校老师时

你喜欢过曾共事的每个老板吗？你可能并不喜欢。同样，你和你的孩子可能不喜欢小学和初中分配给你孩子的每个老师。就像无论你的老板是谁，你都要尽最大的努力去和他相处一样，无论老师是谁，你的孩子都要尽最大的努力去和他相处。向孩子强调他有责任做到最好。不要抱怨老师或听孩子抱怨老师。当然，如果你发现你孩子的老师年复一年地表现平平或有问题，你可能需要考虑转学，或者重新审视一下自己对老师的期望。

防止早晨昏昏沉沉

一个轻松的早晨从前一天晚上就开始

正如每个组织的权威都会告诉你的那样，一个完美的、朝气蓬勃的一天从前一天晚上就开始了。一旦你的孩子完成了家庭作业，他们便需要你的帮助——或者至少需要在你的监督下让他们将家庭作业收拾整齐，收拾好书包。你需要考虑他们第二天可能还需要什么，可以把需要的东西放在门口，或者放在你能拿到的任何地方，这样第二天早上就不会抓狂。你也会更有可能享受晚上剩下的时间，能够睡得更好。

整理作业

孩子已经完成了他的每项作业就等于任务完成，对吗？不完全对。孩子费力地把作业放进该放的文件夹里，然后再把文件夹放进书包里，还不能把它们弄卷。这听起来好像不难，但我向你描述两个常见的课堂情形。

第三章　晚上 7：00 ~ 7：30　忙碌的家庭作业环节

情形一：詹姆斯到了学校，走进教室，打开他的背包，拿出他的文件夹，又从文件夹里拿出作业，把它们放在作业篮里，然后把他的文具盒放在课桌上，再拿出他的午餐，把它放在自己的更衣柜里。他清楚地知道，他已经为这一天做好了准备。

情形二：茉莉到了学校，走进教室。别人提醒她把东西从背包里拿出来。她做了家庭作业，但找不到，所以整个人感到恐慌。她不记得把它放在了哪个文件夹。她疯狂地打开每一个文件夹，翻来覆去地找。结果她更恐慌了：是忘记带了吗？是放在家里的书桌上了还是餐桌上？要尴尬地向老师解释这事儿吗？最后她找到了一项作业。作业找到花了不少时间，但都折角了。这样的话，看上去她并没有认真做作业，仅仅因为没有好好放置。她备感压力、尴尬、困惑和沮丧。剩下的时间里，她都在为没有整理好作业而感到紧张。

是否有条理在很大程度上影响着学习成绩，这是孩子可以拥有的最强大的一项技能。但并不是个人的爱整洁在起作用——而是父母的参与起了作用。

大多数未满 13 岁的孩子做事没有条理，也没有每天晚上整理书包的强烈愿望。当孩子背着自己整洁的书包来到学校时，那是父母的杰作，而不是孩子自己的。然而，它确实对孩子有积极的影响。老师们在不知不觉中更喜欢有条理的学生，并认为这些学生比那些没有条理的学生更聪明，更努力。

现在，是时候和你的孩子一起把作业放到该放的文件夹里，然后把文件夹放进书包里，以确保所有的努力都能得到相应的回报。向孩子讲述整个整理过程："所以我们把你的数学作业放在数学文件夹里，然后把文件夹放到哪里呢？"让孩子一边回答，一边把它放进书包。重要的是，他要把作业整齐地放在该放的地方，而且他要记得这样做过。早晨在学校的经历可能像一阵风，如果父母没有明确告诉他，孩子很容易忘记把东西放在哪里了。

指导孩子整理的时间最多花费 5 分钟。每天晚上帮助孩子做有条理的事情对他们的组织能力有很大的提高。

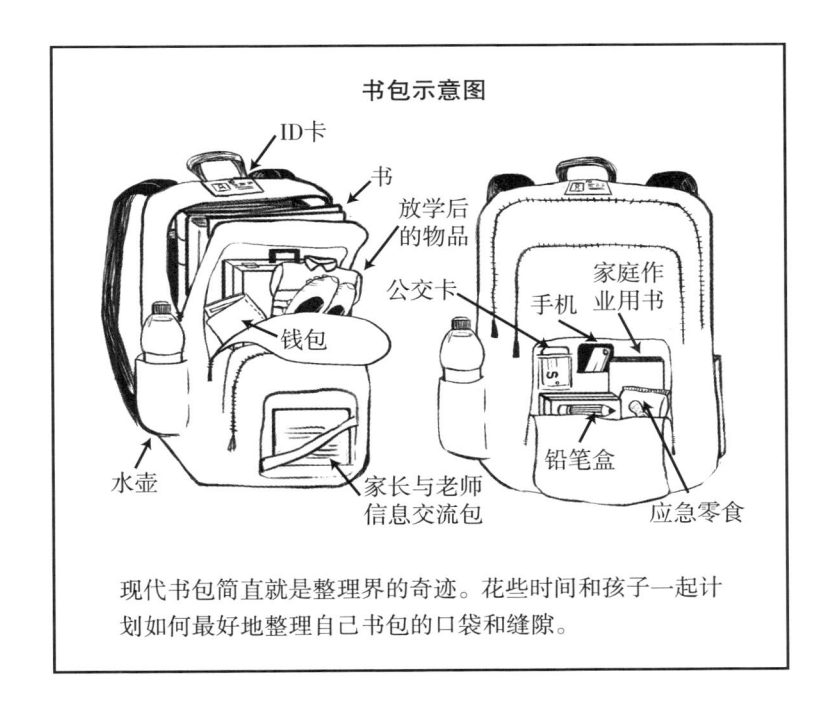

书包示意图

ID 卡
书
放学后的物品
公交卡
钱包
水壶
家长与老师信息交流包
家庭作业用书
手机
铅笔盒
应急零食

现代书包简直就是整理界的奇迹。花些时间和孩子一起计划如何最好地整理自己书包的口袋和缝隙。

明日上学计划

现在作业已经整整齐齐地放好了，花点时间和你的孩子想一下明天的计划。当你和孩子交谈时，在纸上画出一天的时间计划。听起来可能是这样的：

家长：明天我要早点去上班，所以爸爸/爷爷/保姆会给你准备早餐，并确保你能赶上校车。然后别忘了把书友会的信封交给老师。你记得它放在哪里吗？

孩子：在家长老师信息交流包里。

家长：好极了。明天是星期三，学校有什么重要活动吗？

孩子：我要做一个拼写测试和做科学报告。

家长：所以你两样都准备好了？我们已经把你需要在科学课上做重要报告的所有东西都放进包里了。你知道所有的拼写单词吧？还记得星期三放学后要干什么吗？

孩子：上芭蕾舞课？

家长：对。所以让我们一起收拾好你的芭蕾装备（把练功服和舞鞋放在书包的指定口袋）。你还能想到其他你可能需要带去上芭蕾舞课的东西吗？

孩子：小零食和水。

家长：好主意，我们现在整理吧（把不易坏的零食和水一起装在书包的指定区域）。芭蕾舞课结束后，我来接你，然后我们回家。看来我们都准备好了呢。

把事情写在纸上有助于为孩子制订计划，将明天要发生的各种事情具体化，这会让你和孩子都觉得你能控制将要发生的事情。引导孩子想象第二天即将遇到的挑战，并思考解决方法。

你们都朝着轻松的早晨迈出了一大步，可以把这一点告诉你的孩子。"看我们是怎样为明天做准备的？这就是为什么我知道我们都会有美好的一天。"

确定"要去的地方"

最重要的是,让你的孩子成功地把书包放在门边,或者任何"要去"的地方。孩子晚上必须要做的事情:

在作业结束时:

▲完成并放好所有的作业。

▲装好书包,一切准备就绪。

▲你和孩子预习好了第二天的活动。

▲孩子在技能发展、耐力和组织能力方面取得进步。

特殊情况

▲我的孩子有学习困难症,比如诵读困难。没有我的帮助,就做不了作业。

有学习困难症的孩子可能需要大人的帮助才能完成某些作业。那么可以把这些作业留到晚饭后的半小时,但要在饭前给孩子布置一项他可以独立完成的作业。可以是学校布置的或你自己布置的"独立练习"。让孩子体验独立完成任务的实践感和自豪感,这对培养孩子的自主性很重要。

▲我孩子上六年级,每天晚上要花大约两小时做家庭作业。所以高效陪伴法的建议时间对他来说不够。

高效陪伴法是为 5～12 岁的孩子设计的。一般来说,一小时集中注意力做作业对这个年龄段的大多数学生来说就足够了。但如果你的孩子家庭作业多,完成时间要比一小时长,你可以让他们下午早点开始做家庭作业,或者结合高效陪伴法延长做作业时间,让他们晚一点睡觉。如果你选择后者,高效陪伴法可能就不止两小时,会持续两个半小时至三小时。

第三章 晚上 7：00 ~ 7：30 忙碌的家庭作业环节

虽然有些学校给五年级生和六年级生布置超过一小时的家庭作业，可给这个年龄的孩子布置超过两小时的家庭作业是很少见的。如果孩子学校经常布置超过两小时的家庭作业，而这又影响了孩子的睡觉时间，我建议你向孩子的老师或校长提出这个问题。家庭作业很重要，但作业太多以至于占用了孩子的睡眠时间，会适得其反。

高效陪伴法强调在孩子做作业时你应该陪同或在他们的可见范围内，这会缩短孩子完成作业所用的时长。经常发生的情况是，孩子们假装在做作业，而实际上在做别的事情或拖延完成作业。当孩子们真正集中精力做作业时，他们通常做得很快。大多数 12 岁以下的孩子需要父母的陪同来激励他们坚持完成任务。

你将：

√ 给孩子洗澡。

√ 花 30 分钟哄孩子就寝。

√ 读书给孩子听。

√ 给孩子盖被子。

第四章
晚上7:30~8:00
洗澡,就寝及其他

一天的辛苦工作结束了，晚上休息的时间到了。有30分钟的洗浴时间、阅读时间和就寝时间，所以我们可以慢慢来。就寝仪式会让你的一天轻松结束。每一个仪式，从洗澡到阅读再到睡觉，都会给身体传递一个信息：准备睡觉。

就像不应该只为吃饭而把晚餐时间减少，只为睡觉和洗澡而把洗澡和睡前准备的时间减少。相反，这些仪式为我们创造了机会，让我们和孩子亲密接触，享受夜晚的平静。在高效陪伴法的最后一段时间里，全身心地投入养育孩子的过程中能保持亲密的亲子关系，确保孩子睡好觉，并让你可以随心所欲地度过晚上剩下的时间。

让孩子们上床睡觉并非易事，许多孩子不愿入睡。其实这是很自然的。毕竟睡觉需要投降。指望孩子从清醒状态一下子进入睡眠状态是不现实的。这就是为什么我们有必要花30分钟的时间来引导孩子进入梦乡。孩子们进行洗澡、阅读和就寝等仪式后，他们便更能容易进入梦乡。这让他们的身体和大脑更容易在该睡觉的时候入睡。

第四章　晚上7：30～8：00　洗澡，就寝及其他

制订睡前仪式

睡前仪式有助于孩子入睡并保持良好的睡眠习惯。要想睡个好觉，最重要的是设置固定的就寝时间，这是一个关键习惯。如果我们想要孩子有规律地进行就寝，那么就寝前的几小时就需要有深思熟虑的安排。当我们有规律地让孩子们每晚在同一时间睡觉时，父母们会从每晚的"我"或"我们"时间中受益。对父母来说，这段额外的时间也能保证自己睡个好觉。况且，有规律的就寝时间更容易让孩子们醒来后精神焕发。最好的睡眠时间表是每天都是标准就寝时间和起床时间。这对成人和儿童都有好处。

孩子的起床时间决定他的就寝时间

高效陪伴法建议13岁以下的孩子晚上8点半上床睡觉，13岁以上的孩子晚上9点上床睡觉。这符合美国睡眠医学学会的建议，即所有13岁以下的儿童都应获得9至12小时的睡眠。

找到你孩子的起床时间，然后确定他们的理想就寝时间。

孩子起床时间	理想就寝时间	请勿晚于
早上6：00	晚上6：00	晚上9：00
早上6：30	晚上6：30	晚上9：30
早上7：00	晚上7：00	晚上10：00
早上7：30	晚上7：30	晚上10：30
早上8：00	晚上8：30	晚上11：00

第四章 晚上7：30～8：00 洗澡，就寝及其他

热水澡的催眠效果

从传统来讲，孩子们的就寝仪式是从一个温暖放松的泡澡开始的。只要不用洗头发，大多数孩子就会高兴地钻进浴缸。这是开始慢慢进入睡眠的完美方式。

古罗马人认识到温水具有镇静作用，甚至设计了一个足以让6000名游客同时放松的大浴池。温水澡可以治愈身体、心灵和灵魂。罗马浴室在本质上具有社会性：当你放松时，你会与同伴进行"自由浮动"式对话。同样，小孩子洗澡时喜欢和陪伴的人聊天。温水能使最沉默寡言的孩子开口分享。11岁以下的孩子晚上洗澡的时间十分珍贵，他们可以放松，玩水，让思绪"漂浮"，与他们最喜欢的人——你聊天。

洗澡水温度不能太高，宜温水。热水会刺激身体和大脑，让孩子亢奋，起不到安抚的作用。在温水中泡十分钟左右应该会有明显的放松效果。孩子在不知不觉中，已经有了睡意。

不同年龄和洗澡时间

虽然有些孩子很小就开始在没有大人陪同的情况下洗澡，但一般的指导方针是10岁以下的孩子需在大人的陪同下洗澡，而10岁以上的孩子应该独自洗澡或泡澡。

设置洗澡时间

在数字时代，人们很容易忘记孩子们在洗澡时玩水有多么快乐。这是多么具有画面感的提醒，能让孩子们快乐很容易：只需父母的陪伴，浴缸装满温水，水里漂着几件玩具。大多数浴室都有明亮的顶灯，这不利于助眠。如果你的浴室有调光或低光的配置，洗澡时请使用，好让孩子自然地放松下来。浴室的柜台上摆着一些燃着的无焰蜡烛也可以创造舒缓的氛围。

浴缸玩具不需要很考究，塑料杯子这样的就好。在我儿子小的时候，一个塑料过滤器就是他洗澡时玩不厌的玩具。如果你真的想买浴缸玩具，种类层出不穷，从漂浮的拼图地图，到复杂的水管系统和球场、磁性钓竿、浴缸蜡笔、经典的橡皮鸭和船，都能让每个孩子高兴。可以帮助孩子放松身心，还可以锻炼孩子的思维能力和运动技能。

父母和孩子在经过一天的忙碌后可以通过洗澡得到完美的休息，因为洗澡时间没人干扰、心情放松以及环境安静。当孩子们摆弄玩具时，他们显然心情很放松。他们对着你和自己唧唧呱呱地讲，常常会无意识地分享一些之前不知为何没分享的事情。这种分享状况可能与父母和孩子单独待在一起有关。可能之前全家人在一起吃晚饭；而现在你的眼里只有他。如果我们一直不叫孩子从浴缸里出来，只有少部分孩子愿意很快出来。大约十分钟的洗澡时间足以让他们适度放松。诚然，尽管孩子们在浴缸里玩得很起劲，但在一个疲惫的成

第四章　晚上7:30～8:00　洗澡，就寝及其他

人眼里，这无聊极了。给孩子十分钟的洗澡时间，并记住孩子对洗澡的喜爱程度，这对双方都公平。

不玩手机的重要性

许多父母在孩子洗澡时看手机，像个漫不经心的救生员。在孩子洗澡时玩手机的这种行为，是在向孩子传达一种复杂的信息。

孩子们在一天中的关键时刻渴望得到父母的关注。洗澡时间就是其中一个关键时刻。把手机放在另一个房间充电，同时给你的孩子你最珍贵的礼物——你的关注。

将洗澡时间和读书时间结合起来

如果你需要在孩子洗澡的时候做点什么，一个妙招就是在孩子洗澡的时候读他的睡前故事。这样你就有事可做，孩子也有机会一边听你读书一边玩，偶尔抬头看看图片。

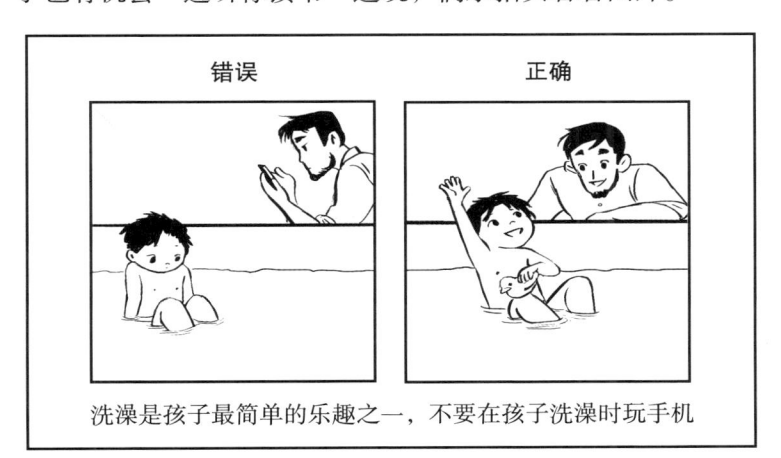

洗澡是孩子最简单的乐趣之一，不要在孩子洗澡时玩手机

洗漱

孩子洗完澡就该刷牙了。有一个好方法能帮助孩子享受刷牙的乐趣，就是让他选择一个有趣的牙刷，上面有他最喜欢的图案，然后选择他喜欢的牙膏口味。市面上有大量适合儿童使用的牙刷和牙膏，孩子们没有理由不使用它们。

当孩子上小学一年级的时候，你可能会忍不住想，他能在没有大人的帮助下自己刷牙吗？根据美国儿科协会的说法，大多数儿童在七八岁前都会在父母的帮助下刷牙。即使那些刷牙技巧正确的孩子，如果任由他们自己刷牙，他们也可能会随便应付。考虑看牙难受且费用高，一分预防胜过十分治疗。

父母可以帮忙把牙膏挤在牙刷上。豌豆大小的量最适合6到8岁的儿童，大一点的孩子需要更多一点。

孩子们应该刷牙整整2分钟。当孩子在刷牙时，你唱首歌或者设置计时器，这样可以确保他按照建议的时间刷牙。一些儿童的牙刷甚至带有音乐功能。孩子们刷完牙后，家长最好检查一下孩子后面那颗不易刷着的牙，确保所有的牙都是干净的。

到6岁的时候，大多数孩子才开始使用牙线。到10岁左右，牙线的使用程度趋于成熟。所以10岁以下儿童的父母应该使用牙线为孩子剔牙。要特别注意上门牙和下门牙，因为这些地方最容易形成牙菌斑和牙垢。

用洗脸巾给孩子洗脸和擦耳朵。好好梳他们的头发，让他们换上睡衣。洗漱已经完成，是时候阅读了。

第四章　晚上 7：30 ~ 8：00　洗澡，就寝及其他

睡前阅读

当孩子坐在舒适的椅子，依偎在你旁边时，陪他们阅读是一起结束一天的好方法。

我们给孩子布置卧室的方式会使他们更容易进行某些活动。如果我们想让孩子为快乐而阅读，我们可以通过布置他的卧室来鼓励这种习惯。

理想情况下，你可以在孩子的卧室里找一个安静的角落，然后你们坐在一起读书。那个角落可以放一张舒适的扶手椅，也许还放一只软垫凳。为坐在你腿上的孩子读书能让你们在一起欣赏故事同时身体上保持亲密接触。大多数 10 ~ 12 岁的孩子仍然喜欢坐在父母的膝上听他们阅读，即使他们会翻白眼给你看。总有一天，他们真的会长大，然后不能坐在你的腿上。身体和情感上的温暖对孩子有很大的好处，尤其是在一天结束的时候。

每个孩子的卧室都应该有一个书架，里面放满让人无法抗拒的儿童书籍。拥有一个私人的家庭"图书馆"能让孩子感受到文学所产生的财富。这样的奢侈可以让孩子重温他最喜欢的故事，考虑那些尚未读过的故事的片段，然后沉浸在那些代表新领域的不熟悉的故事中，让它们成为他自己的故事。

孩子的卧室图书馆应该有多大？我建议至少挑选 50 本不

同题材的书，包括科普、童话、历史小说、冒险故事、传说和寓言。随着时间的推移，有些书将会过时，会拿去送给亲朋好友，新书则不断放进来，而那些永不过时且珍贵的书得以保留了下来。

使用社区图书馆

当然，一个拥有 50 本书的图书馆是无法满足一个每晚都在读书的孩子的。所以你要每周或每两周带孩子去当地的公共图书馆。在我们这个过度消费的社会里，去图书馆是一种

第四章　晚上 7：30 ~ 8：00　洗澡，就寝及其他

奇妙的经历。你的孩子可以随心所欲地选书，只要你按时还书，就不用花一分钱。

周末去图书馆可以鼓励孩子阅读和寻找不同的主题和体裁。浏览是一个爱书人的一部分乐趣，让孩子去探索那些吸引他的书架和书籍。如果孩子所在的学校正在参加 100 本书挑战或类似的阅读项目，那么每周或每两周去一次图书馆会特别有帮助。学校图书馆不能总是为每个学生提供理想的书籍，定期的图书馆之旅可以解决这一问题。

此外，今天的图书馆拥有让人叹服的服务，当从其他分馆预约借书时，会通过发电子邮件告知你到达时间，它们提供在线有声读物、电子书等。不充分利用它将会很可惜。

声情并茂为孩子阅读

睡前阅读让人快乐、舒适，它让我们待在一起，共同感受精彩的故事。但如何让精彩的故事鲜活起来呢？我们需要声情并茂地去读它。这就是为什么有些父母比其他人更有信心，更充满热情。

并非我们所有人小时候都听过睡前故事。即使父母为我们阅读，他们可能读得语气平淡，一点也不生动。因此，值得讨论的是，是什么让睡前阅读从应付变成了家长精彩的表演。

以下内容将告诉你是什么造就了精彩的朗读表演。

给孩子读书应该互动。每隔几页就停下来问孩子一些问题。这些问题应该是以自然的、对话式的方式呈现出来的，不要问学术性的、有压力的问题。好的问题总是基于书上发生的事情提出的，但是下面的问题几乎适用于任何一本书：

▲你认为接下来会发生什么？

▲我想知道（那个角色）为什么会那样做，你怎么认为的？

▲你喜欢（这个角色）吗，为什么喜欢或为什么不喜欢？

给孩子读书应该具有表现力。想一下你想让孩子有何反应。强调文章中产生这种反应的关键词和观点。看看孩子的脸，看他是否接收到。

第四章　晚上7：30~8：00　洗澡，就寝及其他

给孩子读书应该真实。大人糊弄孩子的时候，他们是知道的。试着真诚地投入故事情节中，带着真正的兴趣去阅读。孩子能分辨出你是真情流露还是表演的情绪。

给孩子读书应保持悬念。所有好的故事都带有一定的悬念。如果孩子不想知道接下来会发生什么，要么这个故事不好，要么你需要用更生动的方式来读它。

学习如何以引人入胜的方式阅读的最佳方式就是听一场精彩的朗读表演。网上有很多关于儿童读物的绝佳资源。

我们读什么？

只要是适合孩子的，你给孩子读的任何东西都会对他们有益。

让孩子带头进行睡前阅读。假设他已经完成了学校布置的独立阅读作业，睡前阅读时他可选择自己喜欢的读物。你可能会发现孩子要求反复阅读同一本书。这实际上是个好现象。孩子会要求读一本熟悉的书，因为熟悉使他安心，或者因为每读一次，他就会重新喜欢上它，并加深理解。所有这些理由都是重读一本书的好理由。这个要求本身就表明，孩子已经明白好书需要多次重读，而不是只读一次。

当孩子听了他选择的故事或章节后，你可以主动要求读几页你选择的内容。通过这种方式，你可以介绍自己童年最喜欢的书，或介绍作者和写作风格增长孩子知识。对孩子来说，了解一个新的体裁或一个新的作者可能是一种挑战，所以有许多孩子过早地放弃了这些新的阅读体验。

锻炼孩子的阅读能力

阅读小说学到一个要点是我们要坚持把一本书读下去,才会吸引我们继续读,逐渐对它入迷。如果孩子过早地放弃,他们将错过最丰富的文学体验。给孩子读这些书,为孩子提供支持,让他进入一个新的文学领域。很快,孩子就会自己去找这类的书来读。

虽然我不太愿意建议使用程序化的方法来为你的孩子选择睡前读物,但是有这么多精彩的儿童读物,你值得制定一个列表,让你和孩子领略儿童文学中的"最伟大的作品",或者至少是其中的一部分。

教师尽其所能与学生分享广泛的文学作品,但他们会受到时间和课程大纲的限制。幸运的是,一个经过再三考虑而制定的睡前阅读方法可以帮助解决这一局限。

你可以制订夜间阅读的主题,每隔几个月可调整一下。

▲童话故事。

▲寓言、神话、传奇和荒诞故事。

▲经典图画书。

▲章节书籍。

▲传记。

▲叙事性非小说类。

迷人的童话

如果你不给你的孩子读别的,那就给他们读童话吧。它

第四章　晚上7：30~8：00　洗澡，就寝及其他

们是儿童文学的巅峰，也可以说是成人文学的巅峰。童话经受了几百年，一代又一代的洗礼，不管我们年纪多大，我们都可以读它。与其他文学体裁相比，童话对于人们对文学的热爱以及文学所能提供给我们的一切都至关重要。

想想灰姑娘的困境，或者《白雪公主》中皇后的冷酷无情，或者《杰克与豆茎》中杰克的轻信，或是在父母抛弃他们之后，汉塞尔和格莱托的相互救助。这些故事表达了现代儿童文学试图向儿童隐瞒残酷现实。相反，童话故事清楚地表明了孩子们有所察觉的事情：外面的世界可能很残酷，好人会受伤，有些人甚至会死亡，不是所有的人都是善良的，少数人是恶魔。童话故事使这些残酷的事实变得并不是那么可怕，因为它们也告诉我们，只要坚持不懈、足智多谋，再加上一点运气，即使一个人处于可怕的境地，也可以"从此过上幸福的生活"。

我曾经以为美国的每个孩子都知道一系列童话故事——迪斯尼制作的电影，如《白雪公主》《灰姑娘》等。经过多年的访问学校和与数百名儿童待在一起，我现在意识到情况并非如此。令人惊奇的是，很少有孩子知道童话故事。当我把灰姑娘的故事告诉年幼的学生时，他们通常表示第一次听到这个故事。当然，他们喜欢这个故事。

讲述这个故事时感人的场景挺多。当我描述灰姑娘被继母痛苦折磨时，满屋子的八岁孩子严肃地看着我的脸，整个房间安静得掉一根针都能听见。当我讲述继母阻止灰姑娘去参加舞会时，孩子们表现得非常沮丧，愤愤不已。

西格蒙德·弗洛伊德曾说："儿童充满了各种情绪。"童话故事是孩子们的最爱。当你8岁的孩子带着她最好的朋友突然讨厌她的可怕想法回家时，她可能不是那个被残酷的皇后陷害的白雪公主，但她和白雪公主一样遭受了强烈的背叛。

童话故事充满戏剧性，情节紧凑，将生死作为赌注，并以魔法的形式制造意想不到的逆转和好运。曲折的情节会激发孩子们的想象力。这对于当代课堂中出现的一些沉闷的教学实践来讲，无疑是一剂良药。在今天的英语语言文学教学中，小学生们被教导说所有的故事都存在一个问题、一个解决方案，以及一个教训。但我们不能这样简单地分析童话故事：能从《灰姑娘》这个故事中得到什么教训呢？或者能从《杰克与豆茎》这个故事中得到什么教训呢？我们都同意它讲的内容吗？童话故事并没有老生常谈，而是将我们带入一个道德如藤蔓般缠绕的森林。欲望、暴力、贪婪、勇气、嫉妒和魔法，这些在童话里紧紧地缠绕在一起，就像在现实生活中一样。这些引人入胜的古老书籍就是毕加索所描述的那种艺术——揭示真理的谎言。孩子们对童话的渴望就是对真理的渴望。

值得注意的是，并不是所有版本的童话故事都同样吸引人。所以在购买之前先读一下，并向图书管理员或孩子的老师征求建议。你会发现，童话故事推动着父母和孩子产生最美妙的对话。不管你小时候是否读过这些童话故事，你都会发现，这些童话故事丰富了你作为成年人对自己在这个世界上的经历的理解。

第四章 晚上 7：30 ~ 8：00 洗澡，就寝及其他

正如爱因斯坦所说："如果你想让孩子聪明，就给他们读童话故事。如果你想要孩子更聪明，就给他们读更多的童话故事。"

口述故事

如果你可以编故事，或能凭记忆讲童话，那就请这样做。对你和孩子来说都很有趣。毕竟，这些故事本身就曾是人们围坐在火堆旁口述的故事。你也可以边讲童话故事边自由发挥。这些故事是活的：每当一个人讲完这些故事，它们都会发生变化，细节和情节也会被完全改写成不同的版本。所以你可以根据心中所想，随心所欲地讲故事。

寓言故事

寓言故事也许没童话故事那么复杂，但它们却很有影响力。它们在人类行为方面的学问和见解对成年人来说可能是老掉牙的，但对孩子来说却是关于正确和错误行为的重要概念和教训。

而且，作为睡前的额外阅读，它们的篇幅较短。当孩子请求"再讲一个故事"时，寓言故事是一个很好的选择。

神话故事

每一个古代文明都用自己的故事来解释自然现象，例如，为什么太阳在早晨升起？为什么天空中有星星？神话故事通过口头代代相传，让我们得以一窥几千年前世界各地的

人们是如何理解世界的。罗马、希腊和挪威的神话将孩子们带入一个万神殿，那里的众神和女神类似于今天的超级英雄。

神话故事能丰富孩子的想象力，同时也为他们提供概念的最初来源，这些概念通过语言和文化逐渐流传。从《阿喀琉斯之踵》到《罗密欧与朱丽叶》的创造素材都可以在神话故事中找到。

第四章　晚上7：30～8：00　洗澡，就寝及其他

必读童话故事

《灰姑娘》《冰雪女王》《小红帽》《青蛙王子》《美女与野兽》《长发公主》《杰克和豆茎》《侏儒怪》《汉塞尔和格莱特》《睡美人》《白雪公主》《皇帝的新装》《卖火柴的小女孩》《豌豆公主》。

每个孩子都应知道的寓言故事

《狮子和老鼠》《牛槽里的狗》《狼来了》《下金蛋的鹅》《蚂蚁和蚂蚱》《老人与死神》《挤牛奶的姑娘和她的桶》《披着羊皮的狼》《城市老鼠和乡下老鼠》《狐狸和乌鸦》《口渴的鸽子》《狗和它的倒影》。

传奇故事

如果孩子的童年里没有传奇故事,如《亚瑟王和他的圆桌骑士》《亚特兰蒂斯城》《罗宾汉和绿林好汉》《威廉·泰尔》和《仙笛神童》,那么将会怎样呢?虽然这些古老的传奇植根于历史,但它们讲述的事件,甚至存在的人物都是未经考证的。几个世纪以来,传奇故事一直吸引着大人小孩儿,它们一直激发我们的想象力,许多电影和文学作品皆受其影响。传奇故事充满了浪漫主义、英雄主义、骑士精神和社会正义。通过阅读传奇故事,孩子们会变得更加慷慨。

大多数传奇故事情节独立,分章分节。孩子可以在某个晚上看一集《罗宾汉》,几周后再回来看另一集。渐渐地,他就可以看完整个故事。

荒诞故事

孩子们容易被荒诞故事所吸引——这些故事荒谬、夸张,讲得跟真的似的。大多数孩子本身就是荒诞故事的创作者,他们对事实与虚构之间模糊的界限特别感兴趣。

图画书

图画书融合了丰富的意象和故事情节,是讲给孩子的最佳读物。给孩子朗读图画书是一种戏剧性的表演。插图是舞台;你的声音即演员;孩子是观众。

如果你认为11岁的孩子不适合看图画书，那就错了。有一些精彩的书同样适合稍大的孩子。

图画书是一种视觉媒介，插图通常比文字更能说明故事。可以每隔几页就停下来问孩子一些关于插图细节的问题。像"我想知道接下来会发生什么"或者"那个继母不是个好人，对吗？"让孩子觉得你和他们一样对故事很投入。这样可以形成一种优秀读者在阅读过程中自然地产生问题和进行评价的模式。

章节书

章节书是一种长篇故事，可以让你花几个晚上甚至几个星期去阅读。对于父母和孩子来说，每晚阅读同一个故事是一种愉快的体验。渐渐地，你们深入了解了一个人物角色，并通过曲折的情节知道他或她的发展情况。当你们阅读时，会在叙述中交换对事件的不同看法，可以让你知道孩子是如何理解世界的。如果某件事让你想起自己生活中的一件事，跟孩子分享这件事可以帮助他们更好地了解你，也可以让他们认识到故事是如何帮助人们理解自己的经历的。

我们大多数人都知道有一部分章节书是儿童必读的。如果童年没有像《夏洛的网》中小猪威尔伯和蜘蛛夏洛特之间的友谊或者《狮子、女巫和壁橱》中阿斯兰的牺牲，孩子将会怎样？

第四章 晚上7:30~8:00 洗澡,就寝及其他

推荐的睡前读物

希腊-罗马神话故事:《皮拉姆斯和提斯柏》《皮格马利翁和伽拉缇》《代达罗斯和伊卡洛斯》《鲍西丝和费莱蒙》《赫拉克勒斯大力神》《亚特兰大和金苹果》《普罗米修斯与潘多拉》《得墨忒耳与女儿珀耳塞福涅》《赛修斯与牛头怪》《回声和水仙花的传说》《阿波罗与达芙妮》《米达斯国王和他的点金术》《珀尔修斯》《俄耳浦斯与欧律狄刻》。

北欧神话故事:《芙蕾雅的神奇项链》《雷神之锤的失窃》《瓦尔基里与英灵殿瓦尔哈拉》《青春女神伊登的苹果》。

不应错过的荒诞故事:《大卫·克洛科特》《伐木巨人》《苹果专家约翰尼》《佩克斯·比尔》《约翰·亨利》《野姑娘杰恩》。

第四章　晚上7：30～8：00　洗澡，就寝及其他

传记

传记激励孩子们去思考一个美好的生活应该是什么样的。它们点燃了孩子们的雄心壮志。无论是阅读埃及艳后、马丁·路德·金这些历史人物的传记，还是阅读像巴拉克·奥巴马这样的当代人物的传记，都能让孩子们接触更广阔的世界，因为这个世界发生着各种事件，充满了各种思想，不断地在创造历史。

叙事性非小说类图书

儿童文学中一个经常被忽视的体裁是叙事性非小说类文学：这种体裁主要是讲述真实的精彩故事，这些故事通常源于历史。这些可以在图画书中找到，也可以在大儿童读的长篇章节书中找到。这类小说由故事大师创作，它的出现证明了真相比小说更离奇，而且同样引人入胜。除了激发孩子对历史事件、人物或科学发明的兴趣，它还为孩子的写作提供了参考模式。

独立阅读

有些孩子，尤其爱读书的孩子，可能会选择睡前独立阅读。特别是如果他们的学校要求他们独立阅读，而他们之前没有进行过独立阅读，那么这样利用时间是完全可以的。我只想提醒一点：13岁以下的爱读书的孩子也能从父母的阅读中获得帮助。父母分享的经历会让他们受益匪浅，父母可能会给

孩子介绍他们永远不会接触到的书籍和体裁，并围绕书籍进行讨论。

许多学校非常乐意看到自己的学生爱读书，但并不太注意孩子们所读文学作品的质量问题。孩子爱读当下正流行的商业性文学没有错，但是如果完全按照他们自己的口味，这有可能会阻碍他们阅读其他类型的读物。所以我鼓励父母陪同阅读，即使孩子已经12岁，自己能熟练地进行阅读，父母从六年级开始每周至少有几个晚上和孩子一起阅读。在一起阅读的时候，你可以有选择性地介绍一些文学作品。对孩子来说，听父母阅读似乎是一件很久远的事情，但它却对孩子日益增长的想象力、品位和智力产生着积极影响。

我看到一些优秀的小读者在他们的阅读发展中停滞不前，究其原因是他们只读一种书，并且从来没有养成坚持阅读的习惯。因为刚开始他们很抗拒这种习惯。

睡前聊天

阅读结束后，就该睡觉了。睡前简短地聊一聊今天和明天，可以帮助你的孩子轻松地过渡到休息时间。

最后和孩子讲的，可以是一首诗，一次回答，或者祈祷。然后让孩子躺在床上。身体和大脑在停止思考，进入睡眠模式前，孩子都喜欢并最需要仪式和习惯。

第四章 晚上 7：30 ~ 8：00 洗澡，就寝及其他

盖好被子

我们将婴儿放置在襁褓中，让他们有安全感。我们给孩子们盖被子也是出于同样的原因。有些孩子可能会在我们一离开房间就把被子踢掉，但这不是重点。给孩子披被子的动作是在用被子拥抱他们，提醒孩子他们是安全的，是被照顾的，我们把他当成孩子，我们会保护他。不管孩子是踢开被子还是整晚都缩在被子里，这种行为能让他感受到父母的态度。

整理孩子的卧室

正如做家庭作业需要一个合适的环境一样，睡眠也需要一个合适的环境。很明显，最好的睡眠环境是卧室黑暗、凉爽、安静。在数字时代，我们需要有意识地去掌握这个简单的秘诀。

大多数孩子的卧室里都放有各种设备和小玩意，即使处于睡眠模式或关闭状态下，它们也会发出光和声音。为了让房间完全黑暗，最好的办法是将孩子卧室里的电脑、电视或游戏机拿出房间，这些都最好放在家里的公用房间里。孩子在尽可能黑的房间里睡得最好。不用在房间里摆放数字时钟或任何其他能将亮光引入卧室的设备。夜灯不用撤，因为它们发出的光不会妨碍睡眠。

最好的睡眠环境是房间黑暗、凉爽。关掉孩子房间里所有光源,尽量减少任何可能干扰睡眠的外来光线。

出于同样的原因,孩子的小屏幕设备,如平板电脑或手机,晚上最好放在另一个房间。当我和孩子们讨论睡眠习惯时,很多人都承认,父母以为他们已经熟睡,其实他们在床上玩电子设备。这些孩子才9岁。深夜玩耍是一个问题,屏幕上的蓝光让大脑误以为是白天也是个问题,因为告诉我们该睡觉的褪黑激素被抑制了。一旦孩子把手机放在一边,试图入睡,他往往无法入睡。造成的结果就是:一个极度缺乏睡眠的孩子第二天在学校很难保持清醒,更谈不上集中精力上课了。

制订一个简单的规则,可以避免这个问题,那就是让设备在其他地方充电一晚,比如在厨房、客厅或任何你愿意的地方充电。放置书包的地方,也可以插入设备进行充电。

第四章　晚上7：30～8：00　洗澡，就寝及其他

适当使用遮光窗帘

虽然没有电子设备的卧室很棒，但另一种不需要的光源可以从卧室的窗户射进来。如果交通灯或街灯通过卧室窗户射进房间，可以考虑使用遮光窗帘。遮光窗帘不需要是黑色的，可以是各种颜色和图案。它具有防寒、隔热的功能，能挡住光线，吸收从窗户传进来的噪音和空气。在冬天，遮光窗帘会让你的暖气更节能。在夏天，它能阻挡紫外线，让房间保持凉爽。如果你不喜欢这个防寒材质的质感或外观，你可以选择一个黑色内衬和你喜欢的窗帘一起使用。

如果窗户折射进孩子卧室的只有自然光，那我不建议在晚上将他房间的窗帘拉上。当太阳升起时，自然光线会给孩子的身体一个逐渐醒来的提示。这比在黑暗中把孩子从熟睡中叫醒要好得多。此外，拉开窗帘，打开窗户，新鲜空气便更容易进入房间。

没有什么比开着窗户睡觉更好的了，还能从飘进房间的微风中受益呢。房间里的空气流通得越多，孩子在睡觉时呼吸得就越深。孩子在睡觉时呼吸得越深，他的睡眠就会越清新。因此，如果可能的话，最好在晚上把窗户打开。

在冬天，即使是在非常寒冷的夜晚，也可以稍微开着窗户，不能老关着它。只要孩子盖好被子，凉爽的空气会帮助他熟睡。相比之下，一个非常温暖的卧室，中央供暖系统让环境变得干燥，更有可能干扰他的睡眠。尽管存在个体差异和偏好，国家睡眠基金会将理想的睡眠环境温度设定在

117

18.3℃。对一些人来说，在晚上把恒温器调到14.4℃可以创造一个理想的睡眠环境，同时还可以节省电费。这里还有另外一个好处：当舒适温暖的床与室内凉爽的夜间空气形成对比时，孩子就有了待在床上的动机，就不会想着下床。

对于城市居民来说，窗户完全开着或只是稍稍敞开，就可能会带来显著的噪音增加。例如，交通噪音会严重影响睡眠质量。值得注意的是：虽然环境噪音不会影响孩子的睡眠，但它会对孩子的睡眠质量产生负面影响，可能造成孩子白天情绪低落、易怒、注意力不集中。如果你居住的社区有很多交通和环境噪音，那么你应该和儿科医生讨论一下如何保护孩子的睡眠。

虽然你不能对屋外的夜间噪音做太多的处理，但你可以控制屋内夜间噪音。老实说：我们中的一些人，说话的音量大，搬东西声响大，在家做事动静大。我们中的许多人都没有意识到自己制造了噪音，也不知道它会影响他人。举一个例子，一些父母晚上会进入孩子的房间收拾衣服。如果你进屋孩子睡着了，你能做到不去吵醒孩子，可以继续收拾衣服。但如果你进屋时孩子还没有睡着或已经醒了，那表明这件事应该留到第二天早上去做。

当孩子睡着的时候，你要有意识地降低自己的音量，避免在孩子卧室外的走廊里走动和说话。同样，隔壁房间能听到另一个房间的电视声或音乐声也会很奇怪。把电视或音乐调到合适的音量，然后关上门，进去孩子卧室听一听，确定合适的音量，不要让它影响到孩子的卧室。如果在孩子的卧

第四章　晚上7:30~8:00　洗澡，就寝及其他

室里都能听到，请把音量调低。更好的办法是，买个耳机，你看电视或听音乐的音量大小可以随意，不用担心会打扰到孩子。更重要的一点是要意识到，干扰孩子睡眠的噪音污染源很可能就是你自己。

最后，孩子们对父母的声音和音量非常敏感。他们非常关心你们吵架的内容和情绪。不要以为孩子的卧室门关着，他们在睡觉，就听不见你和伴侣的争吵。一定要在离孩子房间最远的房间里进行这些"重要"的谈话。打电话进行热烈讨论也是如此。最好有意识地让这些夜间电话尽量远离孩子的房间。

特殊情况

▲10 岁或 10 岁以下的孩子需要晚上洗澡吗？

除非孩子玩得有点脏或在团队运动中流了汗，否则可以不需要每晚洗澡。晚上洗澡主要有助于放松，让孩子保持干净。

▲我的孩子更喜欢淋浴，没那么喜欢盆浴。有什么理由认为盆浴更好吗？

孩子晚上淋浴没什么不对，但淋浴通常会妨碍父母和孩子之间的谈话。

▲洗澡时间没有提到洗头。我不应该在晚上或傍晚给孩子洗头吗？

现代人，不管大人还是小孩儿，经常过度洗头。如果天天给小孩儿洗头，会让他的头发和头皮干燥。对于 11 岁以下的儿童，美国儿科协会建议每周洗头一到两次。

少洗头不仅对头发好，也节省洗澡时间，而且大多数父母和孩子并不太喜欢洗头发这个任务。

▲那修剪指甲呢？

第四章　晚上 7：30 ~ 8：00　洗澡，就寝及其他

当你需要给孩子剪手指甲和脚趾甲时，你可以选择周一到周五的任何一个晚上作为"指甲之夜"。如果孩子知道星期四晚上是"指甲之夜"，而且每周只来一次时，他就会非常配合你。

▲什么时候适合孩子自己洗澡或淋浴？

当孩子们接近青春期时，也就是 11 岁左右，他们更愿意自己洗澡。你可以帮他们创造一个放松的洗澡仪式，帮他们放水，以确保水温合适，然后在水里加一些浴盐。再帮他们整理他们的浴袍和毛巾——不要忽视 13 岁以下的孩子可能仍然喜欢在洗澡时玩玩具的可能性。把玩具放在伸手可及的地方。给他们十分钟洗澡。别催促，让他们花点时间，放松地享受泡澡。

你家的少年可能更喜欢淋浴，洗头也比小时候洗得勤了。设置 10 分钟的计时器，敲门让他们知道该出来了。

▲我有三个 13 岁以下的孩子，一个 6 岁，一个 8 岁，一个 12 岁。我怎么能保证他们在洗澡的时候给每个人 10 分钟时间呢？

当你有两个或两个以上 10 岁以下相同性别的孩子时，在吵闹的浴缸里同时给他们洗澡是有意义的。我不确定这对每个人来讲是否都放松，但孩子们会觉得这很有趣——洗澡的催眠效果仍然有效。

当孩子渐渐长大，集体洗澡当然就不那么合适了。最好先给小的洗澡，让大的进行睡前读书，等你给小的盖被子时，让大的去洗澡。

你将：

√ 整理房间。

√ 为第二天做准备。

√ 联系其他朋友。

√ 放松。

第五章
晚上 8：00 以后
你的时间

孩子们在睡觉，接下来就是你自己的时间了。

　　你在睡前还剩多少时间？这取决于你早上需要几点醒来。大多数成年人需要 7 到 9 小时的睡眠时间，一些成年人只需要 6 小时的睡眠时间，而有些人则需要多达 10 小时的睡眠时间。在睡眠需求谱上找到你理想的睡眠时间，看看你是需要 6 小时、7 小时、8 小时、9 小时还是 10 小时呢？然后对照下页的表格来确定你理想的就寝时间。一旦你弄清楚什么时候该睡觉，你就知道自己还有多少时间。

第五章 晚上 8：00 以后 你的时间

整理

打扫清洁可能是你在漫长的一天结束后最不想做的事情。然而，让你的家恢复正常可能是一种奇怪的冥想练习。

根据你的起床时间和你需要多少睡眠找到你理想的就寝时间。

如果你的醒来时间是	你需要……				
	6小时睡眠时间，就寝时间为	7小时睡眠时间，就寝时间为	8小时睡眠时间，就寝时间为	9小时睡眠时间，就寝时间为	10小时睡眠时间，就寝时间为
早上5：30	晚上11：30	晚上10：30	晚上9：30	晚上8：30	晚上7：30
早上6：00	凌晨12：00	晚上11：00	晚上10：00	晚上9：00	晚上8：00
早上6：30	凌晨12：30	晚上11：30	晚上10：30	晚上9：30	晚上8：30
早上7：00	凌晨1：00	凌晨12：00	晚上11：00	晚上10：00	晚上9：00
早上7：30	凌晨1：30	凌晨12：30	晚上11：30	晚上10：30	晚上9：30
早上8：00	凌晨2：00	凌晨1：00	凌晨12：00	晚上11：00	晚上10：00

打扫清洁的第一站是厨房，厨房的脏碗碟需要清洗干净。现在孩子们已经上床睡觉了，你可以平静地做清洁，例如，在打电话、听音乐、和你的伴侣聊天、看电视节目或享受安

125

静氛围的时候洗碗。

值得注意的是，很多有创造力的人认为洗碗或把碗碟放进洗碗机的时刻能让灵感迸发。

做家务活儿能激发出惊人的创造性行为。唐·亨利说："我在把碗碟从洗碗机里拿出来的时候想到了一些好的灵感，看似你会分心，但你并没有。"畅销书作家阿加莎·克里斯蒂说："策划一本书的最佳时间是在你洗碗的时候。"让洗碗或操作洗碗机为你带来冥想，让你头脑清醒，感受充满创造力的魔力。

另一个接受晚间大扫除的好理由是，我们能得到很好的锻炼。做家务每小时可以燃烧165卡路里的热量。对于我们这些整天伏案工作的人来说，有运动的需要和机会是件好事。工作的时候长时间坐着会增加患糖尿病、心脏病和癌症的风险。它还会增加焦虑。除经常在工作时做运动，做家务也给了我们急需的锻炼。白天有充足的时间活动，一天结束后还能做家务锻炼更是一件好事，是非常幸运的。

当你打扫厨房和其他乱七八糟的地方时，你也在清理你的大脑。随着房子变得越来越整洁，你会感到越来越放松。对于那些觉得不可能保持家里整洁的人来说，很有可能是他们拥有的东西太多。一个凌乱的家会让人感到压抑。我们身边有这么多东西，我们就不太可能从那些我们真正喜欢的东西中得到快乐。

我们是怎么走到今天的？我们生活在一种消费文化中，社会鼓励我们通过购买东西来表达对自己和他人的爱。这让我们面临一种风险，我们买了我们不怎么用的东西或是没有空间放的东西。如果我们把孩子的也加进来，家里的物品就会成倍增长。我们会通过购买储物箱和橱柜来解决家里的凌乱，但更明智的做法可能是清理掉家里那些我们从不使用、不需要、也不是真的想要的东西。

重要的是要认识到什么时候你的东西控制了你，而不是你控制它们。彻底清理你的家（最好是在孩子们上学的时候），你会发现没有杂物堆放的空间是多么的宝贵。清理完毕后，你会看到你的家是一个更整洁、更易维护的家。就玩具而言，不建议你扔掉孩子喜欢或特别喜欢的玩具。但你心里应该有数哪些玩具应该放在外面，你把所有不使用的玩具放进储物箱里，你会发现孩子比以前更喜欢那些还在的玩具，他现在更容易找到它们。

最后再想想那些把家里搞得乱七八糟的东西：整理时，我们开始意识到我们在不必要的东西上浪费了多少钱。这可以促使我们更明智地花钱，增加储蓄，减少购买。研究表明，我们的祖先曾告诉我们：幸福源自人生经历，而非物质财富。很多这样的经历并不需要花钱。

为新的一天做准备

在睡觉前，趁着安静的时间，花点时间整理一下自己，为第二天做好准备。自带午餐（包括饮料）去上班可以省下一大笔钱，而且几乎可以肯定比你办公室附近的任何东西都要健康。为你自己和孩子们准备好饭菜，把它们都打包好，这是你第二天早上不用担心的一件事。

数字时代并没有让纸质信件消失。每天你都会收到一大堆东西，包括目录、账单、杂志和其他信息——其中大多数都是不需要的。这些纸质信件就像躺在干草堆里的一根针，你可能会因为它们的存在忽视掉重要信息，比如忽视通知你去陪审的通知单。

现在房子已经打扫干净了，该去仔细检查信件了。你可以使用"只摸一次"的方法，将垃圾信件扔掉，保留需要回复的信件。对将来可能需要的文档进行归档。

列一个待办事项清单

每个忙碌的父母都应该有一个笔记本，用来记录"待办事项"和提醒。笔记本可以是手机上的一个应用程序，也可以是任何大小的纸质笔记本，选择最适合你的。一份待办事项清单可以让你记下工作的事情和家庭生活里的事情。现在房子整理好了，拿出你的笔记本，检查一下单子。当你划掉今天完成的工作时，拍拍背，然后添加一些新的待办事项。

　　给自己一点时间，把脑子里想的所有事情都列在待办事项清单上，彻底地清空大脑。你可能还没有具体的行动，但如果它在你的脑海中，现在就把它列出来。例如，你可以写"萨拉的写作"来提醒自己：你很关心你女儿的写作情况。你还没有想好要做什么，但是把它写下来，把它交给你明天要做的事情的清单。

　　你将明天要做的事情都列在了纸上或存了电子档，清空一下大脑，把所有的烦恼抛诸脑后，尤其是那些让你担心的。你可以在明天重新开始，看看你所列的清单。

　　最近，对管理方面有研究的博主不再使用待办事项清单，改为根据目标来安排时间。你完全有理由做到这三件事。首先是列一个待办事项清单，然后对涉及重要时间或关键任务的目标事项进行排序，然后相应地安排你的日程表。不要忘记你的个人待办事项，比如剪头发、去健身房、和朋友吃午饭，或者去看医生。尤其是妈妈们，她们更容易忽视自己的需求，而更看重家人或上司的需求。优先考虑你的需求，这样你才会快乐、健康、精力充沛地投入生活的方方面面。

预演第二天的活动

　　看看你第二天的日程安排并想想一周还剩下几天。想象你从醒来到回家的一天。想象问题，并解决任何障碍或冲突。如果需要取消什么事情，最好在前一天晚上而不是第二天早上去取消。作为父母，我们越来越意识到我们的工作时间是多么的少，我们的精力和注意力是多么的有限。通过运用这种自我认知来最有效地利用我们的时间和精力，我们会在工作中做得更好。当你重新安排会议和优先处理任务时，思考一下自己的目标，以及做事的意义。看看一周中剩下的这几天是否可以帮助你最大化地利用时间来实现你的目标。

收拾你的包

现代的工作包和孩子的书包一样复杂，也许更复杂。毕竟，不同的日子需要不同的包，这很容易造成东西遗忘。现在你已经预演了第二天的活动，收拾好你计划要带的东西。装好你需要的一切，包括你的钱包、文件、笔记本电脑、平板电脑、钥匙和其他电子设备。第二天早上，你所要做的就是拿着它走。

配好衣服

思考第二天的活动也能帮助我们搭配好第二天的上班着装。如果我们记得要与客户进行重要会议，这显然会影响我们的着装。前一天晚上把衣服，包括配饰和鞋子放好。这样可以避免你在早上才发现要穿的衣服上有污渍。

期待

花点时间想想工作之外的事情。周末有什么计划？当生活过于忙碌时，一切就会变得模糊不清。现在是时候喘口气，期待未来一两个星期了。计划好周末，充分享受乐趣，好好休息和充电。想一想家务活，比如去杂货店买东西和洗衣服。制订一个计划，什么时候这些任务可以最有效地完成，由谁来完成。学校假期快到了怎么办？即使没有假期计划，也要想好全家该如何度过，为学校假期做个预算。做中长期计划可以提醒你未来的时光是多么美好，这会让你感到更快乐。

如果家庭目标是享受一个大家庭参与的假期，那你要提前几个月计划它。你可以每天晚上想一点计划，就像在做一个你热爱的项目。如果你要去一个有教育意义的地方，孩子们可以阅读相关的书籍，这也可以成为家庭晚餐时的一个讨论话题。充足的准备时间能让你选择更物超所值的航班、酒店房间和旅游地点。你的周全计划可以避免孩子旅行时可能发生的崩溃。你了解自己的孩子，你知道他们什么时候需要午睡，哪一天外出可能有些勉强。这对体验是否成功有着积极影响。

研究表明，旅行是人们最喜欢的体验之一。部分原因是我们旅行前开心地在计划它，开心地期待它，在旅途中我们体验它，旅行结束后，我们又与他人分享旅行体验，将旅途中的照片洗出来放在剪贴簿上，把它剪辑在家人视频里。所以，给自己一点时间，让自己充分享受家庭假期所能带来的所有快乐。

你已经为美好的一天做好了准备……它还没开始呢！

通过这些步骤，你已经为一个顺利、成功的早晨和一天播下了种子。你平和地完成了这一切。第二天早上你不会感到匆忙和忙乱，相反，你会觉得事情在掌控中。你从大局着眼，提醒自己短期、中期和长期的目标，你很了解要做的有意义的事情，以及未来的美好时光。运气好的话，你会心情愉快且满足。

第五章 晚上 8：00 以后 你的时间

与他人联系

　　无论你是与配偶或伴侣生活在一起，还是独自抚养孩子，孩子就寝后，你都可以与你生活中的朋友进行交流，朋友间的交流会让你获得急需的支持和欢笑。你不能在实施高效陪伴法时接好朋友的电话，那现在给她回电话吧，专注地陪她聊一会儿。如果你和父母住的很远，如果你感觉放松，心情平静，可以和他们联系一下。这个时间也是写生日贺卡的好时机，或者想想有哪些朋友的生日或纪念日即将来临。在我们积极为人父母的时间里，我们很容易让这一切都靠边站。我们挂念着朋友，这对他们来说意义非凡，我们的挂念能让友谊长存。

　　当然，最好的社交互动是直接的，两个人都必须在场。如果你已婚或有伴侣，孩子睡着了，你们可以一起喝杯酒或茶，将没机会聊的事情拿出来聊聊。和你的另一半进行各方面的对话，也聊聊分歧，这样可以让你们的关系愈加亲密。当你们心情放松地进行交流时可以达到事半功倍的效果，比方说聊一聊下一个假期在哪里度过，或者如何处理孩子的阅读障碍等问题。如果你们要在早晨去上班的车里谈这些问题，必然会引起误会。忙碌的父母有很多话要对彼此讲；所以在每天结束的时候安排一些时间来进行这些对话是一件好事。

分享你的烦恼并寻求支持

为人父母的岁月，你能感受到快乐，也经受着各种各样的压力——经济压力、社会压力、对孩子的学习或健康问题的担忧、职业压力、人际关系压力和大家庭压力。这样的例子不胜枚举。即使是最幸运的父母也会遇到困难，经历失望。重要的是要认识到，我们都需要与关心我们的人分享我们的感受，并获得支持和理解。我称这些人为参谋，因为这些人和黑手党的参谋一样聪明，值得信赖，并且会对你的秘密守口如瓶。

明智地选择你的参谋。每个父母都应该有少数这样的朋友和亲戚，他们热情、聪明，看待事情不偏不倚。不是所有的朋友和亲戚都符合这个标准。在你分享你对孩子口齿不清的担忧之前，仔细想想在你的生活中哪些人可能会帮助你，而哪些人可能在不知不觉中只会让你感觉更糟。（在某些情况下，甚至更糟！）如果你身边没有给你出主意的人，那就积极去找几个。你要找的是你欣赏的人，他们要懂得倾听，无论你何时与他们相处，都会觉得舒服，心态也很乐观，这样的人不一定是父母。如果他们性格幽默，那更帮助有加。

许多母亲觉得她们有必要表现出自己快乐和成功的一面。这使得她们在工作、家庭或与孩子相处中出现问题时，很难寻求帮助。即使只有一个人能让我们卸下包袱，也能让世界变得不同。最丢脸的事是，我们把问题留给自己，这让我们更难得到帮助来解决问题。在大多数情况下，无论我们和孩子经历了什么，我们都会想到别人家的孩子。当我们相信"世上还是有好人"这个观点的话，我们得到帮助的机会就多了。敞开心扉会让问题变得更容易处理，也会让我们不再为自己造成的问题而感到内疚。

我们担心孩子的成长，关心他和朋友们的关系，关心他的学业，关心他的身体发育和其他事情，总希望这些都能得到最好的解决。与其想着消除担忧或试图摆脱沮丧，不如在一天结束的时候花点时间向你信任的朋友咨询，并安排时间和老师或医生见面，以帮助你处理这种情况。一旦你采取行动，你会感觉更好。最糟糕的情况：如果你是因为一些确实需要认真关注的事情而产生担忧情绪，那么可能你的确是在帮助孩子。

没有什么比养育子女更私人的事情。我们每个人对孩子都有一种深不可测的爱。一想到我们可能会以各种方式让他们失望，我们就感到痛苦。当孩子出问题时，无论我们是否有参与其中，我们都会感到内疚。每个家长都有必要建立一个支持系统，让它鼓励自己，让自己变得坚强，让自己可以笑对困难。如果你还没有，花点时间和精力去建立一个。

给电子产品充电

你可能需要用手机或电脑与远方的朋友进行联系。既然你已经完成了这些互动，是时候给它们去充电了。你可以选择在厨房或通往你家的入口——或一个你在深夜不太可能去的地方给电子产品充电，这样方便你早上使用。

135

将电子设备拿去充电,我们正好远离家庭之外的烦恼忧愁。这让我们更平静、更满足、更有控制力。明天,当我们精神抖擞地起床时,我们就能迎接新的一天所面临的所有挑战,既有预料中的,也有出乎意料的。现在,是时候放松了。

第五章 晚上 8：00 以后 你的时间

休息和放松

放松的方法有很多，其中之一就是运动。

花点时间运动，你不需要离开家。你可以做瑜伽、举重、在跑步机上跑步，甚至在客厅里跳舞。多亏了那些视频 App，我们生活在免费健身视频的黄金时代。从芭蕾把杆到摇摆舞，再到各种类型的瑜伽，都可以免费观看。如果你觉得一直运动很难受，你可以考虑设置一个 5 分钟的计时器，在这期间持续运动，直到闹铃响起。

运动的好处有很多，包括降压、强化心脏、增强免疫力、改善皮肤、促进新陈代谢并让你整天精力充沛。

运动能有效改善情绪。运动和情绪的联系是双向的。当人们很累或压力很大时，他们往往行动缓慢，或者根本不想动。同样，患有焦虑症的人倾向于以一种"要么战斗，要么逃跑"的方式去行动：他们的身体可能极度活跃，也可能恰恰相反，像被车灯照着的鹿一样动弹不得。令人惊讶的是，有意识的移动只是一个简单的动作，但它能让我们摆脱低落或焦虑的情绪。我们运动得越多，我们的大脑功能就越好，我们的情绪也就越稳定。有意识的运动是我们有意做的任何运动，如舞蹈、瑜伽或太极。

晚间锻炼，要注意剧烈运动对你的影响。对我们中的一些人来说，它消耗能量，帮助我们放松。对另一些人来说，它唤醒我们，让我们更难入睡。如果你属于后者，选择比较温和的运动，如太极或瑜伽。

学会 Hygge

Hygge（读作 hooga）是丹麦语，作名词、形容词和动词，在中文中没有确切的翻译，但最接近的定义是"舒适的感觉"。丹麦人有意在培养这种感觉。Hygge 的精神旨在庆祝让我们幸福的最简单因子：团聚、愉快、物质享受和归属感。你可以而且应该这样做。Hygge 具有社会性，比如享受家的温暖和好的陪伴。斯堪的纳维亚半岛的冬季漫长而寒冷，丹麦人学会了欣赏蜡烛、熊熊炉火带来的光明以及珍惜友谊。

何时及如何 Hygge

Hygge 可以在一年中的任何时候进行，但它主要是在冬天或者天气冷或者下雨的时候进行。冬季的暴风雨是最好的 Hygge 天气。每个家庭都应该有一个 Hygge 箱，这样你可以拿出来应景。Hygge 可能关于的是"重要的事情"，比如友谊和家庭，但它也包括一些奢华的享受。首先把灯光调暗，点上几根蜡烛，或者如果你喜欢的话，可以用无焰蜡烛。播放几曲让你快乐和放松的音乐。穿上你最好的拖鞋或羊绒袜。泡一杯茶、一杯热红酒或任何适合你的东西。然后拿条毯子和爱人依偎在一起。如果你是一个人在 Hygge，就可以创造一个 Hygge 的环境，一个小角落，如一个扶手椅和长榻，从那里你可以看到窗外的雪。找一些有趣的书让自己沉浸其中，享受

第五章 晚上 8：00 以后 你的时间

裹着毯子阅读的惬意，喝着热饮，看着外面一片冷寂。当你和别人一起 Hygge 时，棋盘游戏或惬意的聊天是完美的消遣方式。如果你很幸运地住在朋友家附近，那你可以在把孩子哄上床后过去，和他们一起 Hygge。Hygge 和闲逛之间的区别是培养和享受舒适愉快是否是有意识选择。Hygge 时，并不是在讨论公司裁员、监护权安排、全球变暖或你有多恨你的同事。像 Debbie Downer❶ 这类只会说扫兴话的人就不擅长 Hygge，所以你不用邀请这类人。食物不一定是 Hygge 的一部分，尤其是你已经吃了晚饭后。一杯热饮就足够招待客人了，也许还可以配上几块饼干或曲奇。和朋友一起看电影就是在 Hygge，这种经典的活动目的就是进行交流。当你和你的另一半一起 Hygge 时，依偎在火炉旁或在一个烛光照亮着的房间里阅读是完美的。以下是不属于 Hygge 的东西：短信、社交媒体或一般的数字设备。为什么 Hygge 让人如此快乐？"幸福行动"的总监马克·威廉姆森说："人际关系的强度能促进心理健康，而 Hygge 鼓励着我们与所爱的人有更多亲密的时间。"有时候，当我们独自狂欢时，我们所爱的人就是我们自己。单亲父母也需要放松一下。有意识的自我呵护可以改善你的整体情绪和心理健康。与自我批评的人相比，善待自己的人，其心理更健康，对生活满意度高，对周围的人也更友善。所以去 Hygge 吧。

---

❶ Debbie Downer（黛比·唐纳），美国综艺《周六夜现场》中的人物角色，喜欢打击集体情绪，扫大家的兴。

睡个好觉

为了保证我们的睡眠充足，达到最佳状态，是时候用睡前仪式来结束我们的夜晚了。当孩子在一个合理的时间上床睡觉后，父母可以花很多时间来放松和充电。放松的方法有无数个。这里有一些不错的方法来保证晚上睡个好觉。

冥想

古老的冥想练习使人的思想平静，使人的注意力集中在当下。冥想是一种对抗压力的有效方法。因为压力和焦虑是睡眠的敌人，所以有睡眠问题的人应该尝试冥想。通过降低压力水平，冥想可以显著提高你的褪黑素水平，这种激素可以促进睡眠。这让你更容易更快地入睡。它还能使睡眠更充足、更深沉，让你一觉醒来精神饱满。

洗澡

洗个热水澡会让你完全放松，就像让你的孩子放松一样。给自己十分钟的时间泡在浴缸里，此时浴室的灯光需微弱，更好的是点上蜡烛，播放你最喜欢的音乐，沉浸在宁静中。在浴缸中加入浴盐可以放松神经系统，缓解四肢疼痛。

玩视频游戏

虽然视频游戏可能不会让我们所有人都感到放松，但一些证据表明，玩视频游戏可以减轻压力。只要你没有连续玩上几小时导致自己的睡眠时间缩短，玩视频游戏可以帮助你放松。

看电视

在漫长而忙碌的一天结束后看一场精彩的电视节目是少有的乐趣。毕竟，你已经把工作做完了；你是一位态度积极，且情感投入的家长；你整理了家，为明天做好了准备——现在是时候放松，享受屏幕时间了。

美国人平均每天看五小时的电视，看那么多电视对谁都不好，也不会让人放松。事实上，研究表明，当我们把应该和孩子聊天、打扫房间或思考工作的时间拿来看电视时，会让人产生不好的感觉。看电视有时是一种拖延症的表现，有人觉得自己是在一心多用，但这只会让人感到焦虑，降低自尊心。

但那不是在说你。有了高效陪伴法，你可以完全处于放松状态，所以享受你最喜欢的节目吧。这不是一种罪恶的乐趣，它就是一种乐趣。

写日记

写日记有助于放松大脑，为睡眠做准备。它还有许多其他的好处，每一点很强大。

我们讲述自己故事的方式在我们拥有适应力、愉悦感和决心方面起着至关重要的作用。哈姆雷特有句名言："世上本无好坏之分，全在于思考。"我们对生活的看法比我们对收入水平、我们可能经历过的创伤和我们收到的祝福更重要。日记是一种私密的东西，我们可以在上面讲述自己的故事。我们越来越意识到自己是生活的作者。我们每写一页，我们都在理解自己的情绪和动机，并在此中成长。而这又打开了一扇关于动力、成长、改变和凝聚力的大门。写日记帮助我们把过去和现在联系起来，同时也塑造了我们的未来。

就像奥普拉会第一个告诉你的那样，用日记来表达对我们的祝福和感激会使我们认识到自己幸运。不要将注意力集中在我们没有的东西上，不要注意那些生活让我们失望的地方，我们应该注意生活中的所有美好。这将极大地改善我们的情绪，改变我们的观点。

作为家长，你可以每天写一点点关于孩子的东西，积累成一本意义非凡的童年回忆录。当孩子长大成人，你会珍惜这些文字记忆。尽管我们相信我们永远不会忘记发生在孩子身上的某些事件和某些特征，但他们在不断地改变，在这个过程中我们不可避免地会失去一些记忆。每天晚上写一点东西是一个很好的预防——它是我们黄金岁月里一份伟大的礼物（毫无疑问，孩子们自己也想读这些东西）。

5分钟日记就很棒，可以促使我们回答特定的问题。这些通常会鼓励我们找出值得感激的事情，并反思过去的一天。

尝试一下，看看它是否会增加你的生活满足感。

听音乐

播放轻松的音乐可以减少多达 61% 的压力。所以，睡前最后一步就是打开你最喜欢的轻音乐。它给人舒适、宁静、浪漫的感觉，能净化心灵，舒缓情绪。

阅读

根据一些研究人员的说法，阅读小说是最好的减压方式。原因如下：阅读需要全神贯注。

为了读小说，我们不能让思绪乱飘。我们全神贯注，所以我们不会因担忧的话题产生消极的想法。当我们沉浸在另一个世界时，我们会把这个世界的忧虑抛诸脑后，我们变得身心放松，压力变小，大脑和身体都平静了许多。

阅读有益健康，能使寿命更长。耶鲁大学的一项研究表明，在长达 12 年的研究中，每周阅读超过 3.5 小时的成年人的死亡率比不读书的人低 23%。

阅读可以增强脑力，尤其是我们的记忆力。经常阅读可减缓我们随着年龄增长而自然发生的认知能力下降，延缓阿尔茨海默病的出现和发展。

这只是阅读有益于人类健康的开始。阅读文学作品使我们更有同理心，说得直白点，就是它使我们变得更好。因为阅读小说迫使我们透过别人的眼睛去看，我们获得了比我们个人生活所能接触的更广泛的人生体验。因此，当我们与周围的人进行交际时，我们会更宽容地对待他们。我们将通过对动机和原因的充分理解来识别人类行为的模式，变得更知人情冷暖，更加仁慈，更加善良。

想要获得所有这些好处，那就去买本纸质书，尽量不要在平板电脑、智能手机或电脑上看电子书。带有蓝光的设备会阻碍你的身体产生褪黑激素，让你难以入睡。

该睡觉了

你做好了清洁卫生，将第二天预演了一遍，卸下了所有让大脑负担的任务和担忧。你计划度过一个有趣的周末，期待活动。你把你的烦恼告诉了你信任的朋友和你爱的人。你锻炼了身体，思想得到了平静，并数了数幸福的事。你可能Hygge了一下，可能看了一场节目，或者洗澡的时候听了几首音乐。你读了一本精彩的小说，还写了一篇日记。

一天结束了。当我们刷完牙洗完脸，设定好闹钟，关灯，睡觉，莎士比亚所说的"大自然的温柔保姆"便会来接管一切。

第五章 晚上 8：00 以后 你的时间

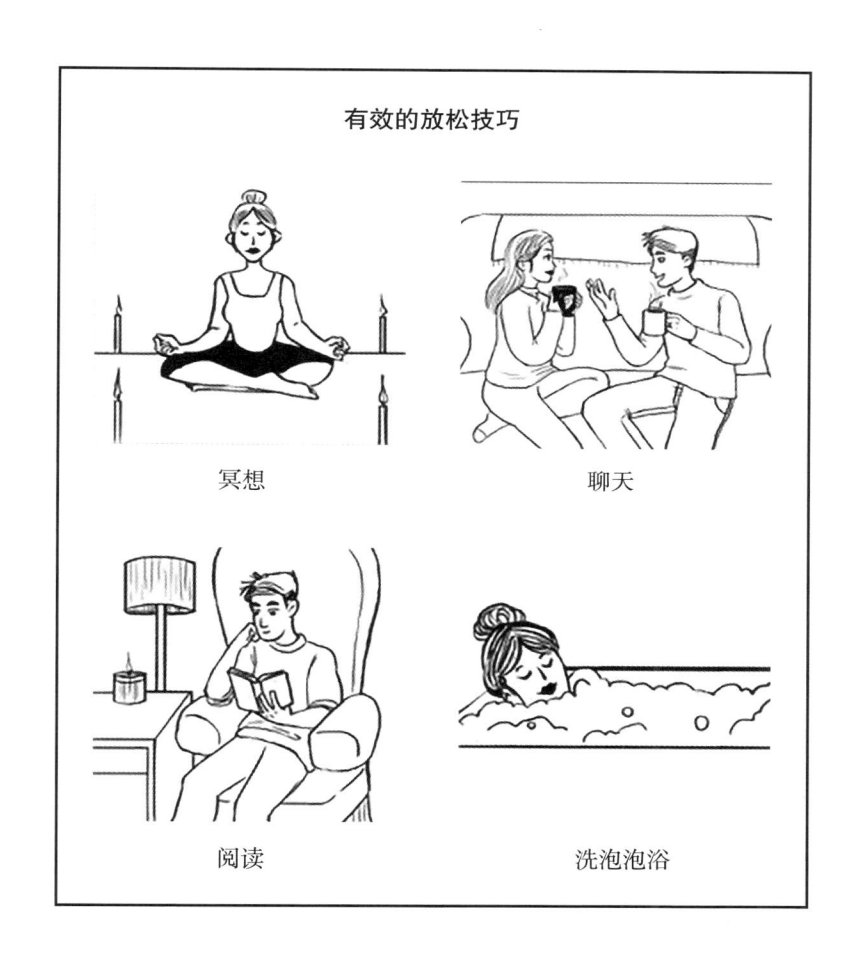

有效的放松技巧

冥想

聊天

阅读

洗泡泡浴

第六章
计划的悖论

像高效陪伴法这样的日常生活方式需要坚持。它反映了一种认识，即在现代生活的竞争需求中，我们必须留出每天的时间来满足我们最重要的优先事项。选择连续两小时完全专注于孩子的事情可能听起来没什么大不了，但在实践中，拒绝短信、电话聊天或杜绝偷偷地做工作上的事非常困难。坚持这样做是我们表达价值观的一种方式，它使我们更加关注自己的孩子。

虽然结果明确，让人坚持得有些苛刻，但事实是它解放和提升了我们。这就引出了计划的悖论。围绕我们的价值观建立的生活方式比宽松的"一切皆有可能"的方法更自由和更让人放松，这是自相矛盾的。

让我们面对吧，生活总是朝着一团糟的方向发展。孩子们会生病，父母会生病，看护人员也会生病。课外活动被取消。极端的天气会导致学校停课和公共交通延误。整个学年里总有几天会提前放学，你需要比平时提前三小时去接孩子。儿童保健提供者开始寻找新工作。大家庭的成员可能需要得到关注和/或经济援助。我们谈的只是在家中。在工作中，你遇到的可能是不合理的截止日期、苛刻的主管和似乎随时都会改变的公司策略。或者你可能正在人才市场找工作，然后靠着日渐减少的收入生活。生活就像变幻不定的海洋，你在里面尽你所能地航行你的船。

计划能让我们的船平稳。它让我们拥有一种控制感。我们不可能总是事事井井有条，但晚上有条理的几小时可以让我们的精神、情感和身体健康。

人类的身体和大脑渴望秩序和可预见性。当我们遇见太多的未知数时，我们的大脑会将不确定性视为危险。压力开始出现，然后压力荷尔蒙皮质醇水平也会上升。大脑把不确定性解释为必须解决的问题。当我们处于这种状态时，我们就很难集中注意力或将注意力转移到其他事情上，我们会感到焦虑不安。

想象一下，你在工作中度过了愉快的一天，但就在你即将下班的时候，收到了一封关于你的一个项目出现问题的电子邮件。你没有时间去解决这个问题，你隐约感受到了威胁。你试着在去搭车的路上摆脱这些消极情绪。你到达车站时正好看到车驶离站台，得等 30 分钟才能搭上下一班车。当你等待的时候，你被迫听到放得很大声的讨厌音乐。你让播放音乐的人把音量调低，她却把声音调得更响。车晚点了 15 分钟，最后开的时候，车上非常拥挤，你不得不站着。当你回到家的时候，如果你没有一个详细的计划，你可能会发现自己疲惫不堪，心情糟糕，且易怒。虽然没有什么灾难性的事情发生，但你的大脑已经有足够的不可预测性，让你感到不知所措。这是因为我们的大脑的新皮质是用来预测的，当它不能准确预测时，它就会把预测当成疼痛。

在这一点上，如果你遵循高效陪伴法，你的情绪应该会开始好转。计划使头脑平静，能缓解压力。日常生活的安稳有助于我们重获平静。

相反，没有做晚餐计划，没有给孩子们设置固定的就寝时间就回家，只会增加我们的压抑感。我们可能会和伴侣或孩子一起"迷失"，躲在电视或游戏机前寻求安慰。事实上，不管我们是否知道，我们都遵循着某种结构形式。和朋友没完没了地打电话，或者连续看四小时的电视就是一种计划安排。但就时间来看，它并不适合短中长期任何一种计划。无意识安排只会反应我们的疲劳状态，并不会反应我们的价值观。

计划一些有意义的日常活动和仪式可以消除疲劳和沮丧。有了像高效陪伴法这样的结构，我们提前决定了我们想要怎样生活。在我们疲惫但已度过的时间里，我们仅仅坚持了计划。

日常生活方式和仪式是不同的，但在高效陪伴法的情况下，我倾向于交替使用它们。日常生活方式是完成某件事的固定过程，经常重复。仪式是一种带有意义的生活方式，比如在全家共进晚餐前表示感谢。生活方式和仪式对我们都有好处。高效陪伴法中的生活方式和仪式能使我们下班后两小时的家庭生活过得美满。

第六章 计划的悖论

常规化操作可节省精力

决策疲劳是一种现实现象：我们需要做的决定很多，但没有足够的精力去做，这时就会出现决策疲劳。常规化操作可以防止决策疲劳。当我们知道我们要做什么以及如何去做时，我们就能更有效地使用精力。例如，史蒂夫·乔布斯以及马克·扎克伯格这些成功人士每天都会穿着同样的衣服。乔布斯每天穿着黑色高领毛衣和牛仔裤，马克·扎克伯格则是每天穿一件灰色的T恤和牛仔裤。衣服不同，但穿衣的理由一样。"我在努力减少决策。我不想决定吃什么或穿什么，因为我有太多其他的决定要做。"扎克伯格表达了这样的观点："我真的很想让我的生活变得更清晰，除了如何更好地把Facebook管好，我尽可能少地做决定。"当我们将生活中的某些因素常规化时，它为我们开辟了一条道路，让我们专注于最重要的事情。在晚上，当我们的能量逐渐减弱时，常规化操作非常有用。

习惯帮助我们实践自身价值观

无论我们面临什么样的挑战，如果我们对育儿生活和家庭生活感觉良好的话，我们就会更好地面对它们。像高效陪伴法这样的计划性操作可以确保我们把时间投入我们看重的事情上。这反过来又增加了我们对生活的满意度。因此，在日常生活中，当我们遇见不可预测的事情时，仪式的使用可让我们产生快乐和舒适感。

有意义的计划不仅可以提高生活质量，还能延年益寿。85岁以上的人有一个共同点，那就是他们的日常生活非常有条理。即使他们已经退休已久，不在养育子女，这些老人仍然有一个影响他们一整天的日常安排，包括有意义的社会交往。他们的日常生活让他们活得有希望、有动力。

毫无疑问，有些人天生比其他人更有条理。我们中的许多人在自发和无拘无束中茁壮成长，但我们所有人都能从每天几小时的精心安排中受益，尤其是在我们积极地为人父母的那些年里。每晚花几小时按照计划走并不意味着你是一个机器人——事实上恰恰相反。大多数人，不管我们是表现出来的还是我们意识到的，都相当情绪化。正因为我们灵活、有情绪、有反应，我们更需要条理和习惯来帮助我们保持平衡。的确，我们这些心情善变的人会从日常习惯的抚慰中获益最多。

第六章　计划的悖论

诗人 W.H. 奥登❶总结得很好，他说："决定你的一天想或应该做什么。然后每天都在同一时间做这件事，热情不会给你带来任何麻烦。"

---

❶　W. H. 奥登，全名 Wystan Hugh Auden，英国诗人，现代诗坛名家，1968 年获得诺贝尔文学奖提名，代表作品《葬礼蓝调》。

让父母拥有自己的生活

让你家未满 13 岁的孩子晚上 8：30～9：00 上床睡觉的另一个好处是，它会将这个晚上清楚地分为以孩子为中心和以父母为中心的两部分。晚上 9 点以后的时间属于家里的大人——父母。无论你是独自抚养孩子还是夫妻一起抚养，下班后的时间对你的健康是至关重要的。

当孩子的就寝时间灵活时，他们往往会在晚上睡得越来越晚。由于父母的时间和孩子的时间界限模糊，父母和孩子都得不到他们需要的东西。孩子没有得到最适合他发展的生活结构。忙碌了一天后，父母也没有个人时间来放松和充电。第二天早上他们会发现他们都很累，而不是精神焕发。孩子们晚睡的另一个结果是，夫妻时间远远少于世界其他地方的同龄人。西班牙父母每天与伴侣一对一的时间比美国父母多 73 分钟。法国父母比美国父母多享受 40 分钟的夫妻时间。在你急于将这一发现归因于美国人工作时间更长之前，有一点很重要，那就是美国父母在周末花在一起的时间也更少。

即使你不是菲尔博士，你也会意识到私人时间有助于夫妻关注彼此。当孩子的父母每天都有足够的私人时间在一起，而不带孩子时，他们的关系会更牢固。有了健康的关系作为基础，已婚父母无论是作为个人还是作为夫妻，都能更好地应对压力。所有这些都转化成更快乐、更有安全感的孩子和家庭。如果你独自抚养孩子，你需要和已婚父母一样多的私人时间。单身父母更应该每天晚上都放松一下自己。毕竟，他们在家里做两个人的工作，而且往往也是孩子的主要经济来源。这个工作具有巨大的责任且艰苦。通过庆祝你的伟大，让你的伟大继续下去。坚持每天晚上给自己留几小时是必要的。在照顾孩子方面寻求帮助，这样孩子一上床你就可以去放松一下，即使只是每周几个晚上，每次一小时。孩子一睡着，你可以考虑参加网络课程来促进你的个人成长。或者独自练习 Hygge，或者和朋友或伙伴一起练习。通过主动坚持自我照顾和养育的权利，你是在为你的孩子树立如何爱自己的榜样。

心理学家卡尔·荣格有句名言："没有什么能比父母死气沉沉的生活对环境的影响更大了，尤其是对他们的孩子心理影响。"当父母不快乐、疲惫和沮丧时，孩子们会无意识地悲叹父母失去的梦想。坚持给自己腾出一些时间，你可以减去孩子的负担，让自己有个快乐的成年生活。

什么时候强调计划？

我们大多数人只需要制订一个大致的计划，但有少部分人需要精细一些的计划。当一个人被细微的变化弄得晕头转向时，他们就会变得死板，和家人交流的可能性为 39%，和亲朋好友交流的可能性为 27%。我们选择适合自己的生活愿景的计划就是最好的计划，这样，计划就是一种有效工具，而不是一种负担。当然，你没有完全依从高效陪伴法的每一步。你可以根据计划灵活调整。有时候晚餐时间比较长，有时候因为下班较晚,监督孩子的作业或和孩子一起吃饭的时间较晚。高效陪伴法不需要你去严格遵守它,也不需要你每个工作日晚上都严格遵守它,但若你大部分时间都遵守它的规则的话,你会收获满满。

让孩子拥有童年

我永远不会忘记一个 9 岁的孩子向我讲述他最喜欢的电视节剧。这部电视剧并不适合儿童观看,而且播放时间非常晚。这个 9 岁的小男孩儿为了追剧错过了规定的就寝时间,这非常没有必要。

讲到文化,我们似乎无法决定什么适合孩子、什么不适合孩子。成人内容和儿童娱乐节目之间的界限似乎越来越模糊。在我看来,成人和儿童之间的界线模糊到让人担忧。因为它显示了一种对处于发展阶段的儿童的独特特征和需要的误解。

儿童的需求与成人的需求完全不同。当我们在某种程度上模糊了儿童和成人之间的区别就意味着我们在其他方面也模糊了他们。孩子们比父母更需要的是计划。

心理学家早已发现,父母教养孩子的方式主要有三种:放任型、权威型和专制型。放任型父母是"随便"的类型。他们没有制定什么规则、要求;也没有设置限制,会给孩子很多自由。极端的放任型父母提倡"自由放养"孩子,让他们自己选择是否上学。另一种极端类型是专制型父母,他们严格,控制欲强。他们几乎不给孩子任何选择的自由。介于两者之间的是权威型父母。他们明确地扮演着父母的角色,让事情有规划并设定限制,但他们会给予孩子合适的自由,鼓励自力更生。

权威型的教育方式会给孩子带来更好的结果，但猜猜哪个会产生最坏的结果？放任型的教育方式对孩子的成长危害最大。

即使是专制型父母，在对待孩子方面也比那些放任型父母做得更好，后者很少制定规则，而且把父母角色与朋友或室友的角色相混淆。例如，放任型父母的孩子要比权威型或专制型父母的孩子更容易酗酒。

为什么放任型父母的孩子成年后活得如此困难？因为他们的童年缺乏计划。因为事事没有限制，小时候的他们很少有被要求的适合，随着被要求的次数减少，自我控制以及掌握实际技能如摆桌子、完成学校布置的作文或铺床的机会也会越来越少。技能掌握得越少，自信心和自尊心就越低，学习能力也会变得越低。

心理学家推测，因为父母的放任教育而对孩子产生的不良影响反映了父母没有对孩子进行有效限制和表达其对孩子的行为预期。这有力地表明了有规律的生活方式不是孩子的奢侈品，而是促进孩子积极发展的必需品。

最后，纯实用主义认为孩子需要计划的原因：他们有很多事情要做。他们需要充足的睡眠、丰富的营养、父母的大量关心和关注，以及在学业、体育、艺术、技能方面的认真学习态度和自由玩耍的时间。何况我们说的只是晚上的时间。如果没有一个紧凑的计划，我们怎么可能把这一切都安排好呢？

第六章 计划的悖论

孩子最想从父母那里得到什么

在一次对一千多户家庭进行调查中,孩子们被问及这样一个问题:"如果你可以许一个关于父母的愿望,你会许什么愿望?"

研究人员以为孩子们会希望多点时间陪他们或希望拥有更多父母的关注。可孩子们的回答让他们吃了一惊:孩子们最希望的是父母们能少一点压力、少一点操劳。

现代社会的父母感到焦虑情有可原。从待了几十年的公司离开,工作不再稳定,没有了福利保障和养老保险,不敢期待在整个事业中挣的钱会越来越多。能产生各种形式的安全感的健康的成人逐渐消失了。

经济压力的问题在当今社会很突出。当今大多数美国父母,即便是事业有成的父母,也会倍感经济压力大,认为那是一种痛。而20世纪70年代初的美国中产阶级父母的消费能力是现今中产阶级父母的两倍,却没有感受到过经济压力。那时候,大多数美国家庭只有父母中的一方在挣钱养家,另一方则管家,做家务。但在现代社会,父母会花钱请人做家务。

据悉,在2018年,美国人希望他们40岁以前能做10种不同的工作。对于大多数父母来讲,一份好工作,一份好收入是他们作为成年人的地位奠基石。如果没有了好工作和好收入,当今的这些父母会感到焦虑也不奇怪,孩子们自然也会注意到这种焦虑。

经济压力对美国家庭来说具有一定的危险性。美国梦的核心是有一间宽敞、合适的屋子，两部车，吃穿不愁，以及想要的一切。几十年来，美国梦已然成为美国中产阶级成功的标准。它将许多美国人的理解变得狭隘，它造成了大量偿还不了的债务，并且美国父母的自我概念受到了严重挑战。

父母的压力影响着整个家庭。人们深谙经济压力是导致夫妻离婚或夫妻关系紧张的主要推手。同时，它阻碍着亲子互动。调查中有46%的父母表示会因为压力而吼孩子。暗含压力的一些迹象，比如思绪如潮、注意力难以集中、烦躁不安、拒绝社交等是许多父母和孩子都在经历的。无论我们如何在孩子面前隐藏压力，他们通通都知晓。研究已表明，父母的压力会抑制孩子的大脑发展，并会破坏其免疫系统。显然，父母找到减轻自己压力的方法是有多么的重要，因为这些方法可以减轻整个家庭的压力氛围。

在生活中，压力的产生不可避免，它迫使我们寻找有效的方法去解决它，并让它朝着积极的方向发展。面对焦虑，人们尝试用各种方式麻木自己，让自己得到解脱，如食物、酒精、刷剧或其他不健康的活动。缓解压力有一种更健康的方法，即按照晚间活动仪式，吃一顿放松的晚餐，轻松地聊儿天。这种方法让我们知道一个道理，我们活着，我们有理由去珍惜人生。这在平凡的世界里是一种精神上高于世俗的关怀。

遵守晚间生活习惯可能有点难，但一切都是值得的。就

第六章 计划的悖论

连卡夫卡都认为一个人要想从自己认为事与愿违的世界里得到一点什么,让事情常规化是一个聪明的方法。他写道:"时光短暂,精力有限,办公室很恐怖,公寓很吵,如若活得不开心、不坦率,那么你必须通过巧妙方法匍匐前进。"高效陪伴法的每一步设计都旨在让家庭更好。这是用一系列"不那么巧妙的方法"帮助你尽可能地享受家庭生活。

结论
高效陪伴法的好处

我们大多数人成立家庭都带着一种期望，期望家人能让我们开心、幸福。理论上，我们想的都没错。研究表明，幸福是基于关系和谐而产生的。哈佛大学有一项研究报告非常具有标志性意义，它在75年间追踪了七百多人，发现感到开心的人开心的重要原因是坚固的社会纽带。金钱、成功的工作以及社会地位这些因素都不能在一段关系中起重要作用，它们不能帮助人们保持身体健康或获得幸福。当然，我们能获得幸福，最得益于我们最亲密的家人。

　　这些关系非常关键，它是我们建立和谐温暖、互相扶持的家庭生活的首要因素。每天晚上花个两小时在照顾孩子上对家庭生活有着巨大的影响。它能增强父母与孩子之间的纽带。它能使父母积极关心自己正在上学的孩子，全身心地去照顾、陪伴、温暖和监督孩子。它能使家庭时间不被当下的数字设备潮流所打扰。

　　人们对高效陪伴法的两小时长度有着不同的反应。大多数家长认为两小时的陪伴时间太少了。但是，当他们正儿八经地花两小时在家庭身上，不发短信、不玩社交媒体，他们又觉得两小时很长。我觉得两小时的时间既长又短。如果将

结论 高效陪伴法的好处

其花在晚上照顾家人和孩子身上,它的确很长。可将它花在父母自己身上又显得很短。当然,花在自己身上的时间很重要,因为父母每天需要一段时间去享受自己的自由时光。

研究表明,父母所花的时间长度并不是让孩子获得幸福的主要因素。倘若一个家长在照顾孩子时,其状态不好,显得紧张、无趣或漫不经心,孩子会注意到,并且感受不到家长的任何陪伴。事实上,研究表明,父母在照顾孩子时长期漫不经心或心力交瘁会对孩子产生决定性的消极影响。更明智的做法是,父母可以先投入自己感兴趣的活动中去,然后再全身心投入照顾孩子的这一小段时间。每晚两小时的父母陪伴时间能让大多数父母在孩子面前表现得精力充沛、精力集中。如果陪伴的时间较松散且较长,这可能会出现多个任务同时进行的可能。如此,便会造成父母在孩子面前虽然精力充沛,但精神却分散。

所以有一个好消息,你无须每天花大把的时间去做孩子的好家长。你无须每天和他们待很长一段时间,一小段不被打扰的时间即可,和他们一起聊天、吃饭、读书,和他们一起讨论书籍,这将对你的孩子的发展有着积极作用,且从长远的角度来看,能维系你和孩子之间的纽带。

我们生活的这个时代里,孩子的第一个愿望是希望自己的父母不要那么焦虑不安。他们的这个诉求比其希望父母陪伴他们的时间多一点更强烈。考虑到成年人遇到的各种挑战,他们会焦虑不安也不是什么惊讶的事。现今,大多数美国人在其职业生涯中换工作的次数超过了10次。大多数人并非自愿换工作的，他们有可能是被解雇或被人赶走的，若是这样，他们就会经历焦虑不安，那将是其工作生涯的艰难时期。甚至，在美国，即使父母双方都有工作，所能存的钱要比20世纪70年代的父母存的钱少一半。而且在20世纪70年代，在多数家庭中只有一人工作。对于单独抚养孩子的父母来说，因为经济压力和随之而来的动荡，让他们所面临的形式更严峻。

产生的压力会成为父母和孩子的重大负担。在压力的隐含原因未解决之前，父母需要找到一些具有建设性的方法去处理家庭压力。高效陪伴法可以帮助他们缓解家庭压力。

让夜晚时间具有可预测性，并将其规划好，可以使你获得一种平静感，并让你的家井然有序。当所有人都知道工作日晚上要做的事情顺序时，家庭压力就得到了缓解。如果你用高效陪伴法培训你家的保姆或看护，你可以在没到家前，提前至6点进行高效陪伴法。它可以缓解偶尔加班或社交活动缠身的父母的压力。同时，它能使孩子按时做作业，按时吃饭，不管照顾他们的人是谁。它可以让父母从容应对计划表上的改变，也能减小这些改变对孩子造成的影响。

本书中的每部分，从问候孩子，安排孩子做作业，一起吃晚餐到监督孩子完成作业，洗澡，读书，就寝，这些都是为孕育家庭纽带和培养家庭关系而设计的。但没有人能保证这些活动能100%有效或能让每一次的家庭晚餐气氛温馨，达到启智的效果。总有几个晚上，孩子会闹脾气，会第三十次"忘记"自己的家庭作业。父母通过尽可能地每晚参加这些夜间活动，才能为一个丰富、长久的家庭生活播下种子。

结论 高效陪伴法的好处

事实上，孩子的行为一天天地有规律地改变突显了高效陪伴法的价值。当孩子形成有规律地习惯以及拥有明确的期望时，他们面临的挑战和呈现的情绪就变得非常明显——此时方便父母帮助他们。如果孩子生活在一个非常随意的家庭里，那么他的行为举止就很难被注意到，也就很难及时被纠正。

如果每晚的家庭时间具有可预测性，那么它带来的好处可影响未来。你的孩子会形成良好的行为举止模式，这种模式很有可能帮助他在未来建立一个稳固的家庭。这些稳固的家庭纽带比任何其他东西更有可能提高家人的健康、幸福以及生活满意度。正如哈佛成人发展研究总监罗伯特·沃尔丁格针对724位男性进行75年研究所做出的解释那样，"我们从这份75年研究报告中得出一个明确信息：良好的关系让我们更开心、更健康。解释完毕"。

高效陪伴法同样强调父母应该给自己留一些私人时间。这是可行的，因为孩子们在他们该睡觉的时间睡着了。积极地照顾着家人和自己能帮助心理保持健康，因为它能帮助我们修复一天中获得的伤害。如果我们感到极其失望，我们可以向其他成人朋友寻求支持，然后继续向前走。相反，想象一下，如果一个家长没有独处的机会或没有时间与其他成人朋友交流，这很有可能会让他和他的孩子变成知己，这样会扭曲父母和孩子的关系。父母有时间以及有机会得到他们需要的其他成人朋友的支持是非常关键的。如果他们没有获得支持，那么他们的孩子会感受到他们的痛苦和疏离，并会成为他们的负担。

即使高效陪伴法只有两小时,但各个家庭可把它当作四小时来看,和孩子待完两小时后的时间对父母来说非常重要——这个时间可确保父母像照顾孩子那样照顾自己。

结论　高效陪伴法的好处

身体健康

确保孩子吃的食物营养丰富，睡觉质量高的同时，也要确保你自己也是一样的。丰富的营养和充足的睡眠能让心理保持健康。如果处于极度压力中，我们的饮食习惯和睡觉习惯会受到影响。我们可能会过度饮食垃圾食品。而让我们受益良多的睡眠也会给我们造成麻烦。高效陪伴法中提倡在正式家庭晚餐中父母不应一味对孩子强调吃，或强行改变孩子的摄入模式。而高效陪伴法的就寝时间常规化使我们更好地应对压力。甚至，关心孩子和关心我们自己有一个平衡法，方法包括运动和联系他人，这些都能以最好的方式帮助我们保持心理健康。

对长寿的人（100 岁以上）的研究表示，长寿的人之所以长寿是因为他们每天的生活过得很有规律。专家表示有条不紊的生活方式的确能延年益寿。首先，常规化的生活方式能减压，增强免疫系统。其次，当身体每天差不多都重复同样的生活方式时，它的消耗比想象的要少。不用说，每天的生活方式必须是健康的：和别人社交一下，锻炼身体以及锻炼脑力。

人们常常忽略保持身体健康所带来的愉悦感。诸如洗个长长的泡泡浴、做个身体按摩以及放声大笑等身体体验都能让我们更健康、更活力、更有精神的积极情绪。我们不能将这些体验当作偶然；我们必须去积极培养——就像丹麦人培养 Hygge 的习惯一样。等孩子们熟睡后，我们有空花上两小时在自己身上，我们就能去做了。

心理健康

拥有幸福并不代表没有冲突、挑战或压力的存在。一段美好生活也面临着许多冲突、挑战和压力。幸福不代表你拥有了想要的一切——世界上有一些最幸福的人拥有的东西却很少。

相反，我们之所以得出幸福的结论，是因为我们对自己所拥有的一切东西，不管它们是什么，都抱有一颗感恩和感激的心。这就是让我们的生活变得幸福的方法。当然，有可能富可敌国的同时也痛苦万分；有可能一无所有却幸福百倍。显然，这都得益于每天的感恩。高效陪伴法推荐在晚餐前进行感恩祈祷，在睡觉前想想自己的幸运。每晚的这些活动会对孩子和我们自己的幸福施加魔法。

我们生活在一种消费文化中，它不断地说服我们花钱就能体验丰富。结果，我们身上的欲望、嫉妒，甚至是贪婪不断地蛊惑我们从银行卡里取钱出来交给别人。这并不会让我们体验幸福，就中长期而言，它会让我们失控。养成感恩和感谢的习惯既能让我们体验幸福，又能让我们觉得一切尽在掌握之中。

正如具有里程碑意义的哈佛大学 70 年成长发展研究表明的那样，人与人之间的关系让我们幸福。这些关系是我们值得花时间、精力和创造力的。

如果你出生在一个非常温馨有爱的家庭，不管它是富足、贫穷还是普通，你一出生就获得了一件最好的礼物。如果你没那么幸运，原生家庭不太和谐或是父母早已一别两宽，那么你需要自己努力，为自己建立一个关心自己、支持自己的有爱团体。好消息是你可以有意识地、谨慎地去选择你欣赏的人。10个可靠的朋友、同事以及邻居形成一个朋友圈，这个朋友圈可成一个能为你担心、为你祝福并且支持你的团体。当你收到这些人的关心时，记得也同样地去关心他们。他们不仅关心着你的心理健康，也同样在关心你家孩子的心理健康。

孩子的到来，对夫妻来说，是一种喜悦，但也有可能改变夫妻间的关系。未生孩子前，夫妻二人有大把的私人时间去陪伴对方，家庭经费充足，能经常外出去吃晚餐，有着各种浪漫美好的假期。而现在夫妻二人将大部分家庭经费花在了孩子身上，他们花在维系双方感情的时间变少，夫妻生活逐渐减少，对双方的关系满意度急剧下降。再者，孩子的开销压力、自己的工作压力、照顾孩子的压力和不可避免的疲劳等糟糕情况聚在一起，是会影响父母的健康和情绪的。

显然，父母之间的关系是家庭中最重要的关系。毕竟，对孩子来讲，生活在一个父母相亲相爱的家庭比生活在其他家庭结构要更有利于其成长，这也是不争的事实。就经济条件而言，一个健全的家庭可以利用父母双方的时间、金钱和精力资源，它要比单亲抚养孩子的家庭要宽裕得多。总之，我想说的是父母需要维系双方的关系，同时也要照顾自己的孩子——因为我们的关系关乎家庭成员的幸福以及我们自己的幸福。

高效陪伴法能帮助解决父母在维系双方关系中遇到的三个困难：

▲以更平等地方式分担养育责任。

▲培育能增强家庭纽带的生活方式。

▲创造独处时间。

晚间一起养育孩子

一段关系里产生怨恨的一个最大因素就是父母中的一方分担了大部分家务和照顾孩子的工作。早些年的劳动分配十分简单：一方负责工作，扮演着养家的角色，而另一方则负责照顾孩子，扮演着管家的角色。这样的分配没问题，只要在一天中的某一时间段，父母能一同承担起养育孩子的责任。大多数管家的人最不想看到的一个场景就是自己照顾了孩子一整天，等到另一半回家，却听到他们需要休息，然后把自己应该承担的那份责任丢给了自己去单独做。

育儿也需要设定规矩。父母们可以效仿高效陪伴法，每天花两小时一起陪伴孩子。他们甩掉疲劳，全身心投入两小时去积极陪伴孩子，然后最后自己也能获得完美的自由时间。当父母一起做饭，一起吃饭，一起监督孩子完成家庭作业，一起给孩子洗澡，一起陪孩子阅读，并一起哄孩子睡觉时，家庭氛围自然就会完全改变。育儿时间的最后几小时变成了珍贵的家庭时间，父母也会变得更加亲密，关系也变得更加融洽。心不在焉是大人陪伴小孩以及和小孩交流时最容易出现的状况。所以有了另一方家长的陪伴，管家的那位在最后几小时照顾孩子的过程中会变得更投入。同时，也让负责养家的一方了解一下在家看娃顾家的辛苦。

父母双方如若各自承担一半照顾孩子的责任是理想的状态，但在现实中，总有一方家长会将更多精力放在孩子身上，即使他也有自己的全职工作。而将较少精力放在孩子和家务身上的家长则会羡慕或嫉妒孩子获得自己另一半的爱和温暖，或者他们会觉得自己被忽视了，没有孩子重要。针对这种情况，有什么好法子吗？有，一起每天晚上照顾孩子并分担家务活。

陪伴孩子做作业或陪他们一起睡前阅读才能让你们注意到自己的孩子有多可爱。与其跟不在家的那位家长讲孩子说了什么或做了什么，不如你们一起去观察孩子做什么或说什么。当孩子跟你们讲他观察到了什么不错的东西或你们看到他做了什么有趣的事时，会坚固你们夫妻的育儿关系，因为你们会相互交换眼神进行交流。你们都参与了育儿活动，那就对了。

建立家庭生活习惯

不管你清不清楚，你们家是有生活习惯的。可能当前的生活习惯并没有显示你的真正价值和信仰。如果孩子在你千方百计哄他睡觉前看了很长时间电视或玩了很长时间电子游戏，那就是一种生活习惯。虽然这种生活习惯你并不太喜欢，会让你讨厌自己。

如果我们每晚花两小时积极陪伴家庭，我们就可以有意识地形成一些生活习惯，比如家庭晚餐，它能让我们觉得现在的生活还不错。会增加我们的幸福感，会与我们遵循的价值理念不谋而合。它让我们觉得我们作为父母是成功的。它带来的生活幸福感远远高过普通层面的吃喝拉撒睡。

只要按照高效陪伴法去执行，你和你的伴侣就能感受到当父母的成功，不管世界发生什么或你的工作怎么样。你正在积极地建立一个家庭，它知道什么最重要，并相应地朝着那个方向生活。那是所有人都向往的生活，你无须花一分钱就能让它实现。

创造独处时间

　　设置一个规矩，让孩子在规定的时间里睡觉。虽然有点难，但按照规矩走，可以让你和你的伴侣拥有二人世界。绝对明确的就寝时间以及不溺爱想要"重复谢幕"的孩子，保护了这段宝贵的时间。现在你们可以安静地享受彼此的陪伴了。

　　影响总体生活满意度的最大因素是你与生活伴侣的幸福度。所以，在晚上一起做父母，保护好自己的私人时间，以此来保证你们在一起的时间。没有什么比每晚为对方留出一两个小时更能确保家庭幸福的了。

鸣　谢

　　感谢多年来和我一起共事的优秀校长、老师、家长和学生，我从他们身上学到了很多。在这里，我尤其感谢纳波利女士及其所教授的布朗克斯中学四年级学生们的帮助。这些小朋友对这本书的期待和热情温暖了我的心，他们不断地问我这本书是否已经出版，并且在很多方面给了我特别多的建议，如从封面设计到餐桌礼仪。他们甚至为书的封底写"宣传语"，我最喜欢的一条是："如果没有米勒女士，拥抱就像没发明过。"没有比这更棒的评价了！

　　六年级的老师康斯坦斯·贝德森用她精心设计的任务灯和其他室内设计元素为其任教的布鲁克林小学的学生们创造了一个温暖且具有吸引力的空间，这启发了我关于家庭作业中心的想法。而她的同事瑞秋·阿马科也同样优秀得不得了，她通过使用苏格拉底问答法去发展11岁学生的智力和语言能力。他们以及那些我曾有幸共事过的许多教育家都是好榜样，他们对本书的实践提供了帮助。

　　我很荣幸能和这么多有才之人一起创作了这本书。我们的插画师塔米·王为本书创作插图，然后将增色不少的书稿交给出版公司的罗瑞·霍伯科克，再由他安排生产和出版，而得以出版也得益于约瑟芬·摩尔的仔细校对，辛西娅·杨的可爱的版式设计。

格纳特公司的艾瑞卡·斯多雷拉是我的经纪人，她参与了这个本书从提案到出版的全过程。所以，我非常感谢她的支持、热情以及指导。

Da Capo 的丹·安布罗休是我的编辑，他非常有魅力，大家都爱跟他一起工作，他在定稿这一块起了很大的作用。另外，他的助理是米利安·利亚德。最后，我想感谢 Da Capo 的出版方约翰·拉杰维奇和副总丽莎·奥伦，感谢他们对这本书的青睐和期待。

当然，我也想感谢亲朋好友的支持和鼓励。非常感谢我的儿子贾斯伯，让我成为他的母亲，在过去 25 年里，一直带给我快乐。这是一份快乐的工作，且永不会结束。

希瑟·米勒